供电服务
典型案例汇编
（2021版）

国网河南省电力公司　编

中国电力出版社
CHINA ELECTRIC POWER PRESS

图书在版编目（CIP）数据

供电服务典型案例汇编：2021 版 / 国网河南省电力公司编 . —北京：中国电力
出版社，2022.8

ISBN 978-7-5198-6817-8

Ⅰ . ①供… Ⅱ . ①国… Ⅲ . ①供电－工业企业－服务质量－案例－中国
Ⅳ . ① F426.61

中国版本图书馆 CIP 数据核字（2022）第 097663 号

出版发行：中国电力出版社

地　　址：北京市东城区北京站西街 19 号（邮政编码 100005）

网　　址：http://www.cepp.sgcc.com.cn

责任编辑：丁　钏（010-63412393）

责任校对：黄　蓓　常燕昆

装帧设计：王红柳

责任印制：杨晓东

印　　刷：望都天宇星书刊印刷有限公司

版　　次：2022 年 8 月第一版

印　　次：2022 年 8 月北京第一次印刷

开　　本：880 毫米 ×1230 毫米　32 开本

印　　张：6.75

字　　数：171 千字

定　　价：50.00 元

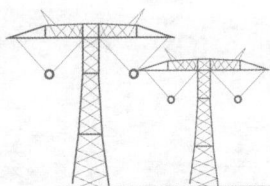

编写委员会

主　任　张立庆

副主任　赵善俊　郭　雷　杨建龙　韦　雅

委　员　孙合法　张　凯　陈建国　赵　睿

编写人员

主　编　孙合法　李翼铭

副主编　王安军　李会君　郭剑黎　丁　博
　　　　崔　惟

参　编　岳寒冰　彭　磊　郭祥富　赵彩霞
　　　　郭海云　刘旭中　韩　丽　刘　鹏
　　　　黄　勇　孟凡利　赵　岚　张晓娜
　　　　赵　洋　朱　敏　晋国琴　刘　鑫
　　　　张慧芳　徐　克　李晓敏　张丽娜
　　　　张　萌　马奇峰　郑鹏阁　姬慧颖
　　　　杜晓瀚　张　峰　陈　东　徐亚建
　　　　马　莉　哈红莉　郭　宁　吴俊霞
　　　　金玉寒　丁　贺

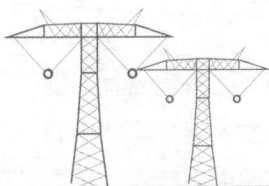

前　言

为加快推进供电服务转型升级，教育、引导广大员工主动适应供电服务发展的新形势、新要求，进一步转变服务观念、规范服务行为，提高整体服务质量和服务水平，编者梳理了 2021 年以来多渠道供电服务工作中发生的典型案例，经过筛选和提炼，汇编形成本书。

本书从客户反映较多的服务行为、频繁停电、低电压、业扩变更、抄表催费、电能计量等热点问题中筛选出 83 个案例，其中典型案例 70 个，优质服务案例 13 个。案例包括营业类、配电抢修类、电网建设类 3 个大类，以便于不同专业服务人员学习参考。

本书案例来源于工作实际，具有一定的典型性、代表性、借鉴性和推广价值，普遍适用。本书适合从事供电服务工作的电力员工阅读。希望读者能从这些典型案例中受到教育启示，认真汲取不良服务事件的经验教训，充分借鉴优质服务案例的成功启示，及时防范、化解供电服务中出现的风险隐患，避免同类投诉事件重复发生，持续改善服务质量，提高服务品质。

本书由国网河南省电力公司组织编写，孙合法、李翼铭担任主编，王安军、李会君、郭剑黎、丁博、崔惟担任副主编。国网河南省电力公司营销服务中心（计量中心）、国网河南省电力公司技能培训中心及基层供电公司专家参与了案例的整理、编写及审核工作。

在本书的编写过程中，国网河南省电力公司营销部、国网河南省电力公司营销服务中心（计量中心）、国网河南省电力公司技能培训中心领导高度重视并给予了大力支持。国网郑州供电公司、国网南阳供电公司、国网洛阳供电公司、国网安阳供电公司、国网信阳供电公司、国网焦作供电公司、国网新乡供电公司、国网驻马店供电公司、国网濮阳供电公司、国网许昌供电公司、国网鹤壁供电公司等提供了大量素材、现场资料及宝贵建议，在此表示衷心的感谢。

鉴于编者水平有限，书中难免存在不足之处，敬请读者批评指正。

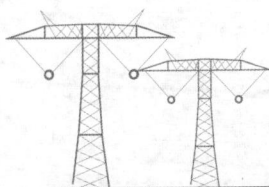

目　录

前言

第一章
服务行为类案例

第一节　典型案例

案例一　沟通处置不到位，工作方法待提高

事件经过

1月4日，某村客户投诉，当天工作人员到客户家强制给其换表，并说"这是上面的规定"存在态度差的问题。

调查结果

客户反映情况属实。由于客户使用的是97规约表，为确保采集信息准确，同时实现远程费控功能所以需要更换电能表。在换表之前，工作人员已与客户沟通，但客户以工作忙为由不想更换。1月4日上午，工作人员为客户更换电能表时，客户再次以自己工作繁忙为由不想更换。由于工作人员与客户沟通缺乏技巧，造成客户不理解，故引发投诉。

违规条款

（1）违反《国家电网有限公司供电服务标准》7.3.2："为客户提供服务时，应礼貌、谦和、热情。与客户会话时，使用规范化文明用语，提倡使用普通话，态度亲切、诚恳，做到有问必答，尽量少用生僻的电力专业术语，不得使用服务禁语。"

（2）违反《国家电网有限公司供电服务标准》7.3.3："当客户的要求与政策、法律、法规及公司制度相悖时，应向客户耐心解释，争取客户理解，做到有理有节。遇有客户提出不合理要求时，应向客户委婉说明，不得与客户发生争吵。"

暴露问题

（1）工作人员服务意识不强，缺乏沟通技巧，未能耐心、细

致做好解释工作，造成客户不理解。

（2）工作人员工作方法有待提高，遇到自己难以解决的问题，未及时汇报上级领导进行协调解决。

⚙ 考核处理

根据《国家电网有限公司供电服务质量事件与服务过错认定办法》和《国家电网有限公司员工奖惩规定》，对相关责任人做出以下考核处理：

（1）对主要责任人某供电所台区经理经济处罚 1000 元，通报批评。

（2）对次要责任人某供电所所长经济处罚 500 元，通报批评。

◎ 规避投诉要点

（1）加强对工作人员沟通技巧方面的培训，提高员工的优质服务意识及水平，不得与客户发生争吵。

（2）遇到客户不理解、不配合时，应耐心、细致地做好客户的沟通解释工作，并及时汇报上级领导进行协调解决。

案例二　工单回复太随意，服务推诿不应当

事件经过

1月7日，某客户拨打95598投诉电能表计量不准，申请校表。处理单位工单回复：表计正常，抄录无误。1月11日，客户再次拨打95598投诉：客户申请校表后，工作人员在1月10日联系客户，要求客户撤销投诉并说已处理完成，在客户不认可的情况下，工作人员存在骂人以及威胁客户的情况。

调查结果

客户反映情况属实。客户申请校表后，工作人员因忙于抢修，与客户约定1月11日校表，并嘱咐客户如有回访电话就称已与客户联系处理中，客户误认为工作人员让其撤单并说已处理完成。在与客户沟通时因客户辱骂在先，两人发生言语冲突，期间工作人员确实存在辱骂客户的情况。

违规条款

（1）违反《国家电网有限公司员工服务行为"十个不准"（修订版)》第六条："不准漠视客户合理用电诉求，推诿、搪塞、怠慢客户。"

（2）违反《国家电网有限公司供电服务标准》7.1.2："真心实意为客户着想，尽量满足客户的合理用电诉求。对客户的咨询等诉求不推诿、不拒绝、不搪塞，及时、耐心、准确地给予解答。"

（3）违反《国家电网有限公司供电服务标准》7.3.2："为客户提供服务时，应礼貌、谦和、热情。与客户会话时，使用规范化文明用语，提倡使用普通话，态度亲切、诚恳，做到有问必答，尽量少用生僻的电力专业术语，不得使用服务禁语。"

（4）违反《国家电网有限公司供电服务标准》7.3.3："不得与客户发生争吵。"

（5）违反《国家电网有限公司供电服务"十项承诺"（修订版）》第十条："服务投诉快速处理。'95598 电话'（网站）、网上国网 App（微信公众号）等渠道受理客户投诉后，24 小时内联系客户，5 个工作日内答复处理意见。"

暴露问题

（1）工作人员责任心、服务意识不强，受理客户投诉后，未在 24 小时内及时联系客户。

（2）工作人员服务态度差，缺乏沟通技巧，存在推诿、搪塞、怠慢客户现象，并且与客户发生争吵。

（3）工作人员服务行为不规范，供电公司工作流程缺乏有效的监督，未能及时发现存在问题并解决客户的合理诉求。

考核处理

根据《国家电网有限公司供电服务质量事件与服务过错认定办法》《国家电网有限公司员工奖惩规定》及《国网××省电力公司供电服务"零容忍"考核实施意见》，对相关责任人做出以下考核处理：

（1）对主要责任人某供电所客户经理经济处罚 3000 元，待岗一年。

（2）对次要责任人某供电所副所长经济处罚 2000 元，通报批评，取消年度评选晋升资格。

（3）对责任班组负责人某供电所所长经济处罚 2000 元，通报批评，取消班组年度评先资格。

（4）对责任部门分管负责人营销部副主任经济处罚 2000 元，通报批评，取消部门年度评先资格。

（5）对责任部门负责人营销部主任经济处罚 2000 元，通报批评。

（6）对责任单位分管负责人副总经理经济处罚 1000 元，通报批评。

（7）对责任单位主要负责人总经理经济处罚 1000 元，通报批评。

🎯 **规避投诉要点**

（1）加大对工作人员的培训教育，特别是沟通技巧方面的培训，提高员工的优质服务意识及水平，加强工作责任心，严禁与客户发生争吵。

（2）增强工作人员优质服务意识，严格按照规范要求开展工作，及时解决客户合理诉求，并在规定时限内联系、答复客户。

（3）进一步加强对服务违规行为的监督考核。

案例三　表线接错服务差，语气生硬惹投诉

事件经过

1月11日，某小区客户投诉，当日供电公司工作人员联系客户，告知其与邻居电能表接反，要求客户补电费，沟通时表示如客户不配合就停电，存在威胁客户、态度差的问题。

调查结果

客户反映情况属实。客户邻居因连续几个月电费过高，怀疑表计接错线，其邻居就向供电公司反映了此问题，供电公司工作人员经现场检查确实存在接错，1月11日通过录音电话与客户联系，告知其与邻居表计接错，要求客户尽快回家处理。经调听录音，不存在供电公司工作人员威胁客户"不配合就给其停电"的问题，但存在与客户沟通过程中语气生硬、态度不好的情况。

违规条款

（1）违反《国家电网有限公司供电服务标准》7.2.2："熟知本岗位的业务知识和相关技能，岗位操作规范、熟练，具有合格的专业技术水平。"

（2）违反《电能计量装置技术管理规程》7.6.3："电能计量装置投运前应进行全面验收，验收试验时要进行接线正确性检查。"

（3）违反《国家电网有限公司供电服务标准》7.3.2："为客户提供服务时，应礼貌、谦和、热情。与客户会话时，使用规范化文明用语，提倡使用普通话，态度亲切、诚恳，做到有问必答，尽量少用生僻的电力专业术语，不得使用服务禁语。"

暴露问题

（1）工作人员责任心不强，工作技能欠缺，未能及时发现电能表接错线的问题。

（2）工作人员服务态度差，与客户沟通过程中语气生硬、缺乏沟通技巧，造成客户不满意。

考核处理

根据《国家电网有限公司供电服务质量事件与服务过错认定办法》和《国家电网有限公司员工奖惩规定》，对相关责任人做出以下考核处理：

（1）对主要责任人某供电中心台区经理经济处罚3000元，通报批评。

（2）对责任班组负责人某供电中心供电所长经济处罚2000元，通报批评。

（3）对责任部门负责人某供电中心主任经济处罚1000元。

规避投诉要点

（1）加强计量安装人员岗位培训和竣工验收管理，严格按照计量规程的规定进行验收，确保计量装置接线正确。

（2）增强工作人员规范服务意识，加大对工作人员沟通技巧方面的培训，提高员工的优质服务意识，热情、耐心、准确地做好客户电力服务工作。

（3）加强计量、电费异常数据的监测，及时、主动发现和处置各类异常问题。

案例四 服务不能用忌语，沟通技巧待提升

事件经过

1月27日，某村客户要求核实线路产权划分问题。处理单位工单回复：已告知客户低压用户产权分界点。1小时23分钟后，客户再次来电投诉，对自己自费表箱后的线路费用不认可，表示要投诉，工作人员说"那你投诉吧，之前电路整改的时候你没要求移表，现在我也不管，那不属于我的范围"，存在态度恶劣的问题。

调查结果

客户反映情况属实。因客户对移表后，对表箱以下材料及施工费用需客户承担不认可，工作人员多次解释电能表箱出线及以下用电设施归客户所有，客户均不认可。客户要求移表后表箱以下材料由供电公司提供，如不提供就要投诉。工作人员在沟通过程中确实存在说"那你投诉吧"态度差的情况。

违规条款

（1）违反《国家电网有限公司供电服务标准》7.1.2："真心实意为客户着想，尽量满足客户的合理用电诉求。对客户的咨询等诉求不推诿、不拒绝、不搪塞，及时、耐心、准确地给予解答。"

（2）违反《国家电网有限公司供电服务标准》7.3.2："为客户提供服务时，应礼貌、谦和、热情。与客户会话时，使用规范化文明用语，提倡使用普通话，态度亲切、诚恳，做到有问必答，尽量少用生僻的电力专业术语，不得使用服务禁语。"

（3）违反《国家电网有限公司供电服务标准》7.3.3："当客户的要求与政策、法律、法规及公司制度相悖时，应向客户耐心解释，争取客户理解，做到有理有节。遇有客户提出不合理要求

时，应向客户委婉说明，不得与客户发生争吵。"

📌 暴露问题

（1）工作人员违反首问负责制要求，服务态度差，与客户沟通过程中推诿、怠慢客户，语气生硬，态度恶劣。

（2）工作人员缺乏沟通技巧，业务能力有待进一步提升。

（3）工作人员服务行为不规范，供电公司工作流程缺乏有效的监督和管控。

⚙️ 考核处理

根据《国家电网有限公司供电服务质量事件与服务过错认定办法》和《国家电网有限公司员工奖惩规定》，对相关责任人做出以下考核处理：

（1）对主要责任人某供电所台区经理经济处罚3000元，通报批评。

（2）对次要责任人某供电所所长经济处罚2000元，通报批评。

（3）对责任部门分管负责人营销部副主任经济处罚1000元。

（4）对责任部门负责人营销部主任经济处罚500元。

🎯 规避投诉要点

（1）加强工作人员沟通技巧方面的培训，提高员工的优质服务意识，热情、耐心服务广大电力客户，满足客户合理用电诉求。

（2）增强工作人员优质服务意识，严格按照规范要求开展工作，树立工作责任心，严禁使用服务忌语，严禁与客户发生争吵。

（3）加强服务过程管控，加大对服务违规行为的监督考核。

案例五　移动表计未告知，工单造假又收礼

事件经过

1月8日，某村客户首次投诉，2020年10月26日左右，申请新装后，电工在客户家人不知情的情况下将旧表移走供其他客户使用，现客户对此产生的电费不认可。处理单位工单回复：客户所指旧表、新表非同一地址，旧表为老家所用表计，申请新表为新家所用。客户家人私下与邻居商量将旧表留给邻居使用，电工并不知情，并不存在工作人员将表给其他客户使用的情况。1月13日，客户再次来电投诉，1月8日反映问题后工作人员让客户改口，说是家人在电工不知情情况下私下与邻居商量将旧表留给邻居使用，存在骚扰、威胁客户家人的情况且客户表示新装电能表时客户母亲及邻居给电工烟的问题。

调查结果

客户反映情况属实。

（1）客户在1月8日反映问题后，工作人员与客户沟通时，告知客户自己可能因为工作行为不规范被考核处罚，要求客户做假证，之后又多次与客户及其家人联系，让客户家人配合提供证据，让客户感觉骚扰和反感。同时电工将情况汇报给本单位负责人后，负责人在与客户沟通过程中也存在方法不当的问题。

（2）客户反映电工在客户家人不知情的情况下将电表移走的问题。实际情况为：2020年12月，客户老家旧表不再使用，电工将表移走，事前未与客户及其母亲就此事进行沟通，客户对此不知情，现已补偿客户家电费损失。

（3）客户反映其母亲及邻居新装电能表给电工烟的问题。经核实，在为客户新装电能表时，客户家人为表示感谢，主动塞入

电工口袋一盒烟，电工未拒绝，现已将该盒烟退还。

违规条款

（1）违反《国家电网有限公司供电服务标准》6.4.5.6："不准阻塞客户投诉举报渠道，不准隐瞒、隐匿、销毁投诉举报情况，不准打击报复投诉举报人。"

（2）违反《国家电网有限公司供电服务标准》6.14.5："零散换装、故障换表可提前通知客户后换表；换装电能表前应对装在现场的原电能表进行底度拍照，换表后应请客户核对表计底度并签字确认。"

（3）违反《国家电网有限公司供电服务标准》7.3.2："为客户提供服务时，应礼貌、谦和、热情。与客户会话时，使用规范化文明用语，提倡使用普通话，态度亲切、诚恳，做到有问必答，尽量少用生僻的电力专业术语，不得使用服务禁语。"

（4）违反《国家电网有限公司员工服务行为"十个不准"（修订版）》第六条："不准漠视客户合理用电诉求，推诿、搪塞、怠慢客户。"

（5）违反《国家电网有限公司员工服务行为"十个不准"（修订版）》第九条："不准接受客户吃请和收受客户礼品、礼金、有价证券等。"

（6）违反《国家电网有限公司员工服务行为"十个不准"（修订版）》第十条："不准利用岗位与工作便利侵害客户利益，为个人及亲友谋取不正当利益。"

暴露问题

（1）工作人员工作不规范，服务意识淡薄，将客户旧表私自移走供他人使用，移换表计未经客户确认和签字。

（2）工作人员工单回复造假，让客户提供伪证，骚扰、威胁投诉举报人，存在严重违规行为。

（3）工作人员服务态度差，缺乏沟通技巧，推诿、搪塞、怠慢客户。

（4）工作人员违反"十个不准"，存在收取客户礼品，利用岗位与工作便利侵害客户利益的问题。

⚙ 考核处理

根据《国家电网有限公司供电服务质量事件与服务过错认定办法》《国家电网有限公司员工奖惩规定》及《国网××省电力公司供电服务"零容忍"考核实施意见》，对相关责任人做出以下考核处理：

（1）对主要责任人某供电所客户经理经济处罚 3000 元，待岗一年。

（2）对次要责任人某供电所副所长经济处罚 2000 元，通报批评，取消年度评选晋升资格。

（3）对责任班组负责人某供电所所长经济处罚 2000 元，通报批评，取消班组年度评先资格。

（4）对责任部门分管负责人营销部副主任经济处罚 2000 元，通报批评，取消部门年度评先资格。

（5）对责任部门负责人营销部主任经济处罚 2000 元，通报批评。

（6）对责任单位分管负责人副总经理经济处罚 1000 元，通报批评。

（7）对责任单位主要负责人总经理经济处罚 1000 元，通报批评。

◎ 规避投诉要点

（1）加强对工作人员"两个十条""供电服务标准"等政策规范的培训，要求工作人员严格执行相关规定，确保工作规范性。

（2）加强投诉事件过程管控，加大检查力度，对隐瞒投诉举报情况、要求客户提供伪证、威胁或打击报复投诉举报人的行为一经发现，严格考核问责。

（3）严禁工作人员违规收取客户礼品礼金等，严禁工作人员利用工作便利损害客户利益。

（4）加强计量装置规范管理，长期不用电能表应及时联系客户进行销户，计量装置移表应按照相关规定规范办理。

案例六　事故赔偿客户垫，态度恶劣惹投诉

事件经过

2月18日，某村客户投诉，2021年10月，电工在接电能表前线路时，因车辆发生交通事故，要求客户赔付修车费300元，表示不给300元不接电，曾经与客户发生过争吵，2月18日当天客户因装电与电工联系时再次发生争吵，电工拒绝为客户办电且存在态度差的问题。

调查结果

客户反映情况属实。客户于2021年10月5日，要求维修接线，工作人员到达现场后发现维修线路需登杆作业，但因身体原因不能进行登杆，与客户协商一起去接能登杆作业的另一工作人员，在路上发生交通事故，因工作人员未带现金，客户帮忙垫付赔偿事故车辆维修费300元，后电工一直未归还客户垫付金。2022年2月18日，电工到客户家办租赁棚架事宜，客户提出垫付修车款300元如何处理，二人因协商不成从而发生争吵。经核实，客户反映接电时电工拒绝受理一事并不存在，客户并不是真正要办电，只是以办理用电业务的借口向电工要回300元钱，现电工已将垫付金归还客户。

违规条款

（1）违反《国家电网有限公司供电服务标准》7.2.2："熟知本岗位的业务知识和相关技能，岗位操作规范、熟练，具有合格的专业技术水平。"

（2）违反《国家电网有限公司供电服务标准》7.3.3："不得与客户发生争吵。"

（3）违反《国家电网有限公司员工服务行为"十个不准"（修订版）》第十条："不准利用岗位与工作便利侵害客户利益，为个人及亲友谋取不正当利益。"

暴露问题

（1）工作人员工作不规范，业务技能欠缺，抢修工作应至少两个人进行，并应确保岗位操作规范、熟练，及时解决客户用电问题。

（2）工作人员违反"十个不准"，未及时归还客户垫付的修车费用，存在利用岗位与工作便利侵害客户利益的问题。

（3）工作人员服务态度差，缺乏沟通技巧，与客户发生争吵。

考核处理

根据《国家电网有限公司供电服务质量事件与服务过错认定办法》和《国家电网有限公司员工奖惩规定》，对相关责任人做出以下考核处理：

（1）对主要责任人某供电所台区经理经济处罚3000元，通报批评。

（2）对次要责任人某供电所所长经济处罚2000元，通报批评。

（3）对次要责任人某供电中心主任经济处罚1000元。

规避投诉要点

（1）加强岗位培训，提升工作人员业务技能水平和优质服务意识，增强工作人员责任心。

（2）加强抢修规范化管理，加大现场检查力度，杜绝不规范抢修行为的发生。

（3）严格违规行为考核，禁止出现让客户代付费用等现象，严禁工作人员利用岗位与工作便利侵害客户利益。

案例七 客户咨询不耐烦，惹来投诉受处罚

事件经过

1月6日，某县客户投诉，当天拨打当地电话查询户号时，工作人员告知"查到就告诉你了，没查到怎么告诉你，不要在这倚老卖老了"态度恶劣。

调查结果

经调查，客户投诉属实。工作人员按照客户提供的信息，在系统上未查询信息，与客户沟通过程中确实存在"态度冷淡、不耐烦"与客户争论的情况，但未说过"查到就告诉你了，没查到怎么告诉你，不要在这倚老卖老了"，现已采取向客户解释并加强监督管理劳务派遣用工行为规范的措施，解决客户问题。

违规条款

（1）违反《国家电网有限公司员工服务行为"十个不准"（修订版）》第六条："不准漠视客户合理用电诉求，推诿、搪塞、怠慢客户。"

违反《国家电网有限公司供电服务标准》7.1.2："真心实意为客户着想，尽量满足客户的合理用电诉求。对客户的咨询等诉求不推诿、不拒绝、不搪塞，及时、耐心、准确地给予解答。用心为客户服务，主动提供更省心、更省时、更省钱的解决方案。"

（2）违反《国家电网有限公司供电服务标准》7.3.2："为客户提供服务时，应礼貌、谦和、热情。与客户会话时，使用规范化文明用语，提倡使用普通话，态度亲切、诚恳，做到有问必答，尽量少用生僻的电力专业术语，不得使用服务禁语。"

（3）违反《国家电网有限公司供电服务标准》7.3.3："不得

与客户发生争吵。"

暴露问题

（1）工作人员服务意识淡薄，责任心欠缺，推诿、搪塞、怠慢客户。

（2）工作人员履职不当，缺乏沟通技巧，工作期间未能做到真心实意为客户着想，认真完成本职工作。

考核处理

根据《国家电网有限公司供电服务质量事件与服务过错认定办法》和《国家电网有限公司员工奖惩规定》，对相关责任人做出以下考核处理：

（1）对主要责任人某供电服务指挥班座席员经济处罚3000元，退回劳务派遣公司。

（2）对次要责任人某供电服务指挥班值长经济处罚2000元，通报批评。

（3）对责任班组负责人某供电服务指挥班班长经济处罚2000元，通报批评。

（4）对责任部门分管负责人营销部副主任经济处罚2000元，通报批评。

（5）对责任部门负责人营销部主任经济处罚1000元。

规避投诉要点

（1）加强接线工作人员沟通技巧和业务技能培训，提高员工服务质量和优质服务水平，严格杜绝此类情况再次发生。

（2）加强班组规范化管理，切实提升工作人员服务意识，面对客户应耐心、细心，真心实意地及时帮助客户解决实际问题，让网格服务要求真正落实到位。

案例八　客户沟通要耐心，服务意识需提升

事件经过

1月20日，某村客户投诉，1月16日，因供电公司原因导致客户家电烧坏，向当地反映后一直无人处理，当天与当地供电所所长沟通时，所长说"我处理不了"，让客户报警处理，存在服务态度差不耐烦的问题。

调查结果

经调查，客户投诉属实。1月15日，客户向当地反映电器损坏，工作人员现场核实后发现客户所在线路供电正常，客户家电烧毁非供电公司原因造成，客户对此结果表示不认可。16日下午客户联系供电所所长再次反映家电烧损问题，所长告知客户经工作人员现场查看非供电公司原因造成，建议客户核查是否为内部原因，客户对此仍不认可，坚持让供电公司进行赔偿。1月20日，客户再次联系所长索要赔偿，供电所所长便建议客户报警处理，在电话交谈中确实出现情绪激动等态度问题，引发投诉。

违规条款

（1）违反了《国家电网有限公司供电服务标准》7.1.2："真心实意为客户着想，尽量满足客户的合理用电诉求。对客户的咨询等诉求不推诿、不拒绝、不搪塞，及时、耐心、准确地给予解答。用心为客户服务，主动提供更省心、更省时、更省钱的解决方案。"

（2）违反《国家电网有限公司供电服务标准》7.3.2："为客户提供服务时，应礼貌、谦和、热情。与客户会话时，使用规范化文明用语，提倡使用普通话，态度亲切、诚恳，做到有问必答，

尽量少用生僻的电力专业术语，不得使用服务禁语。"

（3）违反了《国家电网有限公司供电服务标准》7.3.3："当客户的要求与政策、法律、法规及公司制度相悖时，应向客户耐心解释，争取客户理解，做到有理有节。遇到客户提出不合理要求时，应向客户委婉说明，不得与客户发生争吵。"

暴露问题

（1）基层人员服务服务意识淡薄、责任心不强，漠视客户诉求，没有做到真心实意为客户着想，尽全力帮助客户解决问题。

（2）供电所管理人员沟通技巧和风险防范意识差，面对客户诉求未能树立同理心，安抚客户情绪争取客户理解。

（3）供电公司服务舆情防控制度存在缺口，当客户诉求与法律、法规及本企业制度相悖时，不能采取积极有效的措施规避服务风险及隐患。

考核处理

根据《国家电网有限公司供电服务质量事件与服务过错认定办法》和《国家电网有限公司员工奖惩规定》，对相关责任人做出以下考核处理：

（1）对主要责任人某供电所所长经济处罚 3000 元，通报批评。

（2）对次要责任人某台区经理经济处罚 2000 元，通报批评。

（3）对责任部门分管负责人营销部副主任经济处罚 1000 元。

（4）对责任部门负责人营销部主任经济处罚 1000 元。

规避投诉要点

（1）加强供电所基层一线服务人员及管理人员的业务素质、沟通技能、服务意识、风险防范意识培训，在服务中真正做到站在客户角度，真心实意为客户解决问题。

（2）强化供电所监管考核机制，严格杜绝此类情况的再次发生。

（3）提高一线人员服务风险防控意识，在遇到此类特殊情况时，提前做好可能引发服务投诉的防控工作。

案例九　垫付电费不委屈，长期失职是关键

事件经过

1月23日，某大队客户投诉，当天工作人员拨打客户丈夫电话，催收垫付电费时，发生争吵，说客户"没有素质"，存在态度差的问题。

调查结果

客户反映情况属实。因客户长期不在家，工作人员无法联系上客户，为完成电费回收工作，分别于2018年3、4月和2020年9月替用户垫付了三笔电费，共计66.64元。1月23日，工作人员找客户催收陈欠电费，客户家中无人，因疫情原因，工作人员担心客户可能不回来过年且用户欠费时间较长，怕因此和客户产生纠纷，便请村干部帮忙联系客户丈夫的电话催收电费，在沟通过程中客户突然抢过电话，说了一句粗话，电工在旁边说："咋这素质？"，村干部说："啥素质"，随后村干部又说了客户几句，就挂断了电话。工作人员并未与客户发生争吵行为，但垫付电费的情况确实存在。

违规条款

（1）违反《国家电网有限公司供电服务标准》7.3.2："为客户提供服务时，应礼貌、谦和、热情。与客户会话时，使用规范化文明用语，提倡使用普通话，态度亲切、诚恳，做到有问必答，尽量少用生僻的电力专业术语，不得使用服务禁语。"

（2）违反《国家电网公司电费抄核收管理办法》第四十一条："电费发行后，电量电费信息应及时以电子账单方式或其他与电力客户约定的方式告知电力客户。账单内容包括本期电量电费信息、

交费方式、交费时间、服务电话及网站等。"

（3）违反《国家电网公司电费抄核收管理办法》第五十六条："对欠费电力客户应有明细档案，按规定的程序催交电费。"

暴露问题

（1）工作人员服务意识和沟通能力差，与客户沟通过程中缺乏沟通技巧，造成客户不满。

（2）工作人员长时间联络不上客户，责任心不强，未按规范开展抄核收工作，导致长时间垫付电费。

（3）供电公司日常管理存在疏漏，对员工规范化抄核收工作监管不到位。

考核处理

根据《国家电网有限公司供电服务质量事件与服务过错认定办法》和《国家电网有限公司员工奖惩规定》，对相关责任人做出以下考核处理：

（1）对主要责任人某供电所台区经理经济处罚3000元，通报批评。

（2）对次要责任人某供电所营销班长经济处罚2000元，通报批评。

（3）对责任班组负责人该供电所所长经济处罚1000元，通报批评。

规避投诉要点

（1）加强抄核收工作人员岗位培训，要求工作人员严格按照规章制度开展日常工作，严格杜绝此类情况的再次发生。

（2）针对抄核收工作人员开展服务规范、工作标准和员工行为规范的培训，进一步加强抄核收工作人员的服务意识、沟通能力、工作责任心。

（3）加强公司日常工作管理制度，及时发现、及时改正员工在工作中的违规情况。

案例十　服务标准要记牢，客户沟通需严谨

事件经过

1 月 18 日，某县小区客户来电反映，电量过高，申请核实抄表数据。工单回复：客户实际是想更换新电能表，现已采取为客户更换新表措施解决客户问题。1 月 25 日，客户再次来电投诉，对异常电量不认可，拒绝缴费并要求尽快复电且工作人员到客户现场换表时未出示工作证及未穿工作服，在处理用电异常问题时工作人员在与同事沟通时，另一工作人员存在侮辱客户言语，并说客户是恶意敲诈，不想交电费。另客户表示小区线路杂乱，要求尽快处理。

调查结果

客户反映情况属实。客户前期反映电量过高，工作人员多次到达现场与客户沟通解释，并按照客户诉求更换新的电能表。更换电能表时存在未向客户出示工作证件及未穿工服情况。因客户对自家使用的电量电费一直不认可，工作人员便现场拨打供电部主任电话沟通此问题，在电话沟通中因楼梯内信号不好有回音，声音过高，客户误认为工作人员存在态度差的问题，并不存在侮辱言语"表示客户有恶意敲诈、不想交电费情况"。更换电能表后，客户对新电能表产生的电量也不认可，因欠费造成停电，工作人员多次到现场查看客户家中使用的电器，经核实现场用电量正常，客户使用电量无误，客户于 1 月 25 日交费后自动复电。因客户所在滨城国际小区前期用电是小区物业管理，电费由小区开发商长期垫付，业主从未交过，按县政府安排 2020 年 12 月 31 日，供电公司对该小区正式接管，并对小区内住户实施一户一表改造，位置线路杂乱情况也已进行整改。

违规条款

（1）违反《国家电网有限公司供电服务标准》5.4.6.2："进入客户现场时，应主动出示工作证件，并进行自我介绍。"

（2）违反《国家电网有限公司供电服务标准》7.1.2："真心实意为客户着想，尽量满足客户的合理用电诉求。对客户的咨询等诉求不推诿、不拒绝、不搪塞，及时、耐心、准确地给予解答。用心为客户服务，主动提供更省心、更省时、更省钱的解决方案。"

（3）违反《国家电网有限公司供电服务标准》7.2.3："严格执行供电服务相关工作规范和质量标准，保质保量完成本职工作，为客户提供专业、高效的供电服务。"

（4）违反《国家电网有限公司供电服务标准》7.3.2："为客户提供服务时，应礼貌、谦和、热情。与客户会话时，使用规范化文明用语，提倡使用普通话，态度亲切、诚恳，做到有问必答，尽量少用生僻的电力专业术语，不得使用服务禁语。"

（5）违反了《国家电网有限公司供电服务标准》7.3.3："当客户的要求与政策、法律、法规及公司制度相悖时，应向客户耐心解释，争取客户理解，做到有理有节。遇到客户提出不合理要求时，应向客户委婉说明。不得与客户发生争吵。"

暴露问题

（1）工作人员责任心不强，服务意识欠缺，缺乏沟通技巧，没有真正做到真心实意为客户着想，尽力去解决客户诉求。

（2）工作人员在实际工作中随意性较大，未能严格按照公司制度标准进行现场作业。

（3）供电公司监管制度存在短板，未能及时发现一线员工实际工作中的违规之处。

⚙ 考核处理

根据《国家电网有限公司供电服务质量事件与服务过错认定办法》《国家电网有限公司员工奖惩规定》，对相关责任人做出以下考核处理：

（1）对主要责任人某台区客户经理经济处罚 1000 元，通报批评。

（2）对责任班组负责人某供电所所长经济处罚 1000 元，通报批评。

（3）对责任部门负责人某供电部主任经济处罚 500 元。

🎯 规避投诉要点

（1）严格落实公司日常工作监管机制，及时发现员工在服务过程中的违规之处，加大考核力度，及时监督改正杜绝再次发生。

（2）加强一线工作人员服务意识、业务技能相关培训，提高员工素质，提升优质服务。

案例十一　欠费停电应守则，酒后上岗引投诉

事件经过

4月2日，某村客户投诉，当日工作人员至客户处催费停电时，存在酒后上岗的问题。

调查结果

客户反映情况属实。因工作人员前期为客户及其姐姐家垫付过电费，但由于客户为租户，对旧欠电费不认可，认为房子是租赁的，以前的电费应由原来的租户支付，工作人员因前期多次垫付电费未收回，4月2日下午16时30分左右，工作人员存在饮酒后，在没有提前告知客户的情况下，对客户及其姐姐家电能表实施了停电催费。

违规条款

（1）违反《国家电网有限公司员工服务"十个不准"（修订版）》第一条："不准违规停电、无故拖延检修抢修和延迟送电。"

（2）违反《国家电网有限公司供电服务标准》6.9.5："智能交费、购电制客户测算电费余额不足依合同（协议）采用停电措施的，经预警后实施远程停电，及时续交电费后24小时内恢复供电；后付费客户欠电费需依法采用停电措施的，提前7天送达停电通知，费用结清后24小时内恢复供电。"

（3）违反《国家电网有限公司供电服务标准》7.2.3："严格执行供电服务相关工作规范和质量标准，保质保量完成本职工作，为客户提供专业、高效的供电服务。"

（4）违反《供电营业规则》第六十七条："在停电前三至七天内，将停电通知书送达用户，对重要用户的停电，应将停电通知

书报送同级电力管理部门；在停电前 30 分钟，将停电时间再通知用户一次，方可在通知规定时间实施停电。"

暴露问题

工作人员服务意识淡薄，未能严格按照公司规章制度履职，工作随意性大，存在敷衍搪塞行为。

考核处理

根据《国家电网有限公司员工奖惩规定》和《国网××省电力公司供电服务"零容忍"考核实施意见》，对相关责任人做出以下考核处理：

（1）对主要责任人某县供电中心供电所台区经理经济处罚 3000 元，待岗一年。

（2）对次要责任人某县供电中心供电所所长经济处罚 2000 元，通报批评。

（3）对责任班组负责人某县供电中心供电部副主任经济处罚 1000 元，通报批评。

（4）对责任部门分管负责人某县供电中心供电部主任经济处罚 1000 元，通报批评。

规避投诉要点

（1）加强一线服务人员服务意识培训，提升基层人员的业务素质及业务技能。

（2）按照省电力公司"不停电催费"工作规定进行电费催缴工作，对确需实施停电催费的欠费客户，应严格按照停电审批流程实施停电。

案例十二　客户信息需保密，违规泄露惹投诉

事件经过

5 月 7 日，某县小区客户投诉，当日向 95598 举报有人违约用电问题后，当地工作人员将工单信息发给被举报人，存在泄露客户信息的问题，现被举报人扬言要报复客户，客户对此表示不满。

调查结果

客户反映情况属实。供电公司在流转举报工单时，按照谁的辖区问题谁负责，把工单直接派给台区管理电工，工作人员向被举报人了解情况时，存在将客户反映内容使用信息形式转发给被举报人，造成客户信息泄露，使举报人和被举报人之间的矛盾激化，双方发生口角，引发投诉。

违规条款

(1) 违反《国家电网有限公司员工服务行为"十个不准"（修订版）》第五条："不准擅自变更客户用电信息，对外泄露客户个人信息及商业秘密。"

(2) 违反《国家电网有限公司供电服务标准》6.4.5.5："严格保密制度，尊重客户意愿，满足客户匿名需求，为投诉举报人做好保密工作。"

(3) 违反《国家电网有限公司供电服务标准》6.4.5.6："不准阻塞客户投诉举报渠道，不准隐瞒、隐匿、销毁投诉举报情况，不准打击报复投诉举报人。"

(4) 违反《国家电网有限公司供电服务标准》7.1.3："遵守国家的保密原则，尊重客户的保密要求，不擅自变更客户用电信息，不对外泄露客户个人信息及商业秘密。"

暴露问题

（1）供电公司工单流转存在缺口，监管制度不完善，风险预估能力差，管理不规范。

（2）台区工作人员风险防范意识差，未能严格遵守工作要求，向被举报人泄露客户信息。

考核处理

根据《国家电网有限公司供电服务质量事件与服务过错认定办法》和《国家电网有限公司员工奖惩规定》，对相关责任人做出以下考核处理：

（1）对主要责任人某供电中心台区经理经济处罚3000元，待岗3个月。

（2）对责任班组负责人某供电中心班组长经济处罚2000元，通报批评。

（3）对责任部门分管负责人某供电中心主任、营销部副主任各经济处罚1000元。

（4）对责任部门负责人营销部主任经济处罚1000元。

规避投诉要点

（1）完善公司工单流转监督机制，严格遵守公司各项规章制度，强化管理落实到位。

（2）加强一线服务人员的业务技能、服务意识、风险防控意识培训，提升服务敏感度。

案例十三　临时请假无人替，应接不暇遭投诉

事件经过

客户投诉，当天到营业厅开具发票时，开发票的人员未上班，另外一个工作人员与客户争吵，存在态度差的问题。

调查结果

经调查，客户反映情况属实。由于办理发票业务窗口的工作人员临时请假一小时且当时营业厅办理其他业务的人员较多，环境嘈杂，另一工作人员与客户沟通过程中说话声音较大，客户误以为工作人员与其争吵，实际不存在工作人员态度不好的情况。因办理发票业务的工作人员临时请假不在岗未能及时给客户办理发票业务，引发投诉。

违规条款

（1）违反《国家电网有限公司员工服务"十个不准"（修订版）》第六条："不准漠视客户合理用电诉求，推诿、搪塞、怠慢客户"。

（2）违反《国家电网有限公司员工服务"十项承诺"》（修订版）第八条："电费服务温馨便利"。

（3）违反《国家电网有限公司供电服务标准》5.1.8.4：营业厅"实行首问负责制、一次性告知和限时办结制。居民客户收费办理时间一般每件不超过5分钟，用电业务办理时间一般每件不超过20分钟。"

（4）违反《国家电网有限公司供电服务标准》7.2.1："熟悉国家和电力行业相关政策、法律、法规的相关规定，掌握公司优质服务基本要求、沟通技巧、业务知识等。"

（5）违反《国家电网有限公司供电服务标准》7.2.2："熟知本岗位的业务知识和相关技能，岗位操作规范、熟练，具有合格的专业技术水平。"

（6）违反《国家电网有限公司供电服务标准》A.2.4："服务人员应充足、明确。"

（7）违反《国网营销部关于印发供电营业厅运营管理规范（试行）的通知》（营销客户〔2021〕13号）第六章第三十三条：营业厅应安排备班人员，营业期间不允许出现空岗。遇有客户量突增、平均等候时间超过15分钟等情况，应及时调配备班人员参与厅内服务。

暴露问题

（1）工作人员服务意识差，业务能力欠缺。

（2）工作人员服务红线防范意识薄弱，严重缺失与客户的沟通技巧。

（3）班组管理存在漏洞，工作人员请假时未预想服务风险，应急措施不到位造成不良后果。

考核处理

根据《国家电网有限公司供电服务质量事件与服务过错认定办法》和《国家电网有限公司员工奖惩规定》，对责任人做出以下考核处理：

（1）对主要责任人某供电所营业厅业务员经济处罚3000元，通报批评。

（2）对次要责任人某供电所所长经济处罚2000元，通报批评。

（3）对分管负责人某供电部主任经济处罚1000元。

规避投诉要点

（1）营业厅人员培训规范化。耐心、真诚是对客户服务人员的最基本要求，在服务能力不足的情况下，态度尤为重要。

（2）加强营业厅班组的规范化管理。逐步建立更为合理的排班制度，提高主动服务能力，有效化解高峰时期服务压力，特别是重要岗位应及时调配备班人员参与厅内服务。

案例十四　电费计算有异议，耐心解释很重要

事件经过

客户投诉，当天到营业厅查询电费时，认为系统与自己核算出的金额有出入，怀疑有计算漏洞，工作人员存在态度差的问题，辱骂客户，说客户没有见过钱。

调查结果

经调查，客户反映情况属实。由于客户对业务员解释结果不认可，存在长时间解释后语气生硬的情况，但不存在辱骂或语言攻击客户。"没见过钱"属于工作人员之间的闲谈对话，并不涉及客户。但客户误认为"没见过钱"是在说自己，向两人反驳"为什么说我没见过钱"，工作人员向客户解释是在说自己，客户不认可引发投诉。

违规条款

(1) 违反《国家电网有限公司员工服务"十个不准"（修订版)》第六条："不准漠视客户合理用电诉求，推诿、搪塞、怠慢客户"。

(2) 违反《国家电网有限公司供电服务标准》7.1.2："真心实意为客户着想，尽量满足客户的合理用电诉求。对客户的咨询等诉求不推诿、不拒绝、不搪塞，及时、耐心、准确地给予解答。用心为客户服务，主动提供更省心、更省时、更省钱的解决方案。"

(3) 违反《国家电网有限公司供电服务标准》7.2.1："熟悉国家和电力行业相关政策、法律、法规的相关规定，掌握公司优质服务基本要求、沟通技巧、业务知识等。"

（4）违反《国家电网有限公司供电服务标准》7.2.2："熟知本岗位的业务知识和相关技能，岗位操作规范、熟练，具有合格的专业技术水平。"

（5）违反《国家电网有限公司供电服务标准》7.2.5："积极宣传推广新型供电服务渠道和服务产品，主动引导客户使用，提升客户获得感和满意度。"

（6）违反《国家电网有限公司供电服务标准》7.3.1："供电服务人员工作期间应保持精神饱满、注意力集中，不做与工作无关的事。"

暴露问题

（1）工作人员没有真心实意为客户着想，积极耐心地为客户解释电费计算标准，并在为客户服务过程中闲谈造成客户误会。

（2）工作人员没有使用文明服务用语，态度冷淡，造成客户不良感知，进而引发投诉。

（3）未向客户推广"网上国网"App，方便每日电费查询，避免歧义。

考核处理

根据《国家电网有限公司供电服务质量事件与服务过错认定办法》和《国家电网有限公司员工奖惩规定》，对责任人做出以下考核处理：

（1）对主要责任人某供电所营业厅收费员经济处罚3000元，通报批评。

（2）对次要责任人某供电所所长经济处罚2000元，通报批评。

（3）对责任部门分管负责人某供电部副主任经济处罚1000元。

规避投诉要点

（1）加强一线员工培训，增强员工服务意识和工作责任心，提升员工业务技能水平。

（2）强化检查督查机制，对工作人员服务行为进行不定期的抽查，对违规行为予以考核。

案例十五　工作交接不通畅，刁难客户必重罚

事件经过

客户投诉到营业厅领取发票时，工作人员不能理解客户诉求，让工作人员用自己手机接听电话，完成发票问题沟通时，工作人员告知工作期间不能接电话，存在刁难客户、态度差的问题。

调查结果

经调查，客户反映情况属实。客户属增值税开票用户，由于疫情管控期间为不让客户来回奔波，供电所所长前一天帮客户领取已经打好的发票放至营业厅，但未做好工作交接。当客户到营业厅拿发票时，由于此前营业厅未有增值税发票领取业务，综合柜员未能在第一时间正确理解客户诉求，并以营业厅有规定不能玩手机为由，未主动接听客户电话，服务态度欠佳，造成客户不满，引发投诉。

违规条款

（1）违反《国家电网有限公司员工服务"十个不准"（修订版）》第六条："不准漠视客户合理用电诉求，推诿、搪塞、怠慢客户"。

（2）违反《国家电网有限公司供电服务标准》7.1.2："真心实意为客户着想，尽量满足客户的合理用电诉求。对客户的咨询等诉求不推诿、不拒绝、不搪塞，及时、耐心、准确地给予解答。用心为客户服务，主动提供更省心、更省时、更省钱的解决方案。"

（3）违反《国家电网有限公司供电服务标准》7.2.1："熟悉国家和电力行业相关政策、法律、法规的相关规定，掌握公司优质服务基本要求、沟通技巧、业务知识等。"

（4）违反《国家电网有限公司供电服务标准》7.3.3："当客户的要求与政策、法律、法规及公司制度相悖时，应向客户耐心解释，争取客户理解，做到有理有节。遇有客户提出不合理要求时，应向客户委婉说明。不得与客户发生争吵。"

（5）违反《国家电网有限公司供电服务标准》7.2.5："积极宣传推广新型供电服务渠道和服务产品，主动引导客户使用，提升客户获得感和满意度。"

暴露问题

（1）班组管理存在漏洞，工作人员内部沟通渠道不畅，未做工作交接通造成严重后果。

（2）工作人员业务能力及沟通技巧欠缺，服务意识薄弱。

考核处理

根据《国家电网有限公司供电服务质量事件与服务过错认定办法》和《国家电网有限公司员工奖惩规定》，对责任人做出以下考核处理：

（1）对主要责任人某营业厅综合柜员经济处罚 3000 元，通报批评。

（2）对次要责任人某营业厅主管和供电所所长经济处罚各 2000 元，通报批评。

（3）对分管负责人某供电部主任经济处罚 1000 元，通报批评。

规避投诉要点

（1）加强班组管理、沟通技巧、服务规范、业务能力培训，增强一线服务人员的服务水平。

（2）健全现场处理问题机制，对日常工作中的重点、焦点、难点，总结分析能控、可控、在控的方法，按照打牢基础工作，提升服务能力。

案例十六　窗口值班不在岗，投诉处罚没商量

事件经过

客户投诉，到营业厅办理开具发票业务时，营业厅窗口内无工作人员，存在营业窗口人员擅自离岗，无人为客户办理业务的问题。

调查结果

经调查，客户反映情况属实。当日营业厅值班人员两人。11点20分左右，其中一人因开展低压表计抄通现场工作，离开营业厅，于14时左右返回，期间另一人在11点40分左右，因肠胃不适如厕，故客户在11点46分去营业厅时，未看见工作人员，认为该营业厅无人值守。现工作人员已及时联系客户，为客户打印发票。

违规条款

（1）违反《国家电网有限公司员工服务"十个不准"（修订版）》第六条："不准漠视客户合理用电诉求，推诿、搪塞、怠慢客户。"

（2）违反《国家电网有限公司供电服务标准》7.2.1："熟悉国家和电力行业相关政策、法律、法规的相关规定，掌握公司优质服务基本要求、沟通技巧、业务知识等。"

（3）违反《国家电网有限公司供电服务标准》7.2.2："熟知本岗位的业务知识和相关技能，岗位操作规范、熟练，具有合格的专业技术水平。"

（4）违反《国家电网有限公司供电服务标准》A.2.4："服务人员应充足、明确。"

（5）违反《国网营销部关于印发供电营业厅运营管理规范（试行）的通知》（营销客户〔2021〕13号）第六章第三十三条："营业厅应安排备班人员，营业期间不允许出现空岗。"

暴露问题

（1）营业厅人员管理不到位，未能有效监督检查，造成营业厅无人值班。

（2）营业厅管理应急管理不到位，无人替班，造成不良后果。

（3）营业厅工作人员责任心不强，出现特殊情况未及时上报，随意处置。

考核处理

根据《国家电网有限公司供电服务质量事件与服务过错认定办法》和《国家电网有限公司员工奖惩规定》，对责任人做出以下考核处理：

（1）对主要责任人某供电营业厅窗口人员通报批评，待岗3个月，经济处罚3000元。

（2）对次要责任人某供电所所长经济处罚2000元，通报批评。

（3）对分管负责人某供电部主任经济处罚1000元，通报批评。

规避投诉要点

（1）加强工作人员岗位要求培训力度，提升工作人员责任意识和服务意识。

（2）开展服务规范、典型投诉案例培训，提高营业厅人员服务应急处理能力。

（3）加强营业厅监管，及时发现营业厅人员不规范行为，及时督导修正。

案例十七　沟通服务不到位，客户投诉不冤枉

事件经过

某客户投诉，当天两次到营业厅办理补办电卡业务时，均未看到办理人员且无相关警示牌，造成客户重复往返。

调查结果

客户反映情况属实。客户 11 时首次到营业厅交纳电费，办理后客户提出补办用电交费卡，因办理该业务的工作人员在供电所后院办公区，窗口人员便引导客户至后院办公区，因当时安排此工作人员处理现场补抄工作，期间未与营业大厅做好对接，造成窗口人员不知晓后院办公区无人情况。客户首次办理时未找到工作人员便离开了。14 时左右客户第二次到后院办公区办理，因补抄工作人员尚未返回导致客户重复往返办理用电业务失败。

违规条款

（1）违反《国家电网有限公司员工服务"十个不准"（修订版)》第六条："不准漠视客户合理用电诉求，推诿、搪塞、怠慢客户。"

（2）违反《国家电网有限公司供电服务标准》5.1.8.4："实行首问负责制、一次性告知和限时办结制。"

（3）违反《国家电网有限公司供电服务规范》7.1.1："真心实意为客户着想，尽量满足客户的合理要求。对客户的咨询等诉求不推诿、不拒绝、不搪塞，及时、耐心、准确地给予解答。"

（4）违反《国家电网有限公司供电服务标准》7.2.1："熟悉国家和电力行业相关政策、法律、法规的相关规定，掌握公司优质服务基本要求、沟通技巧、业务知识等。"

（5）违反《国家电网有限公司供电服务标准》7.2.2："熟知本岗位的业务知识和相关技能，岗位操作规范、熟练，具有合格的专业技术水平。"

暴露问题

（1）营业厅业务设置不合理，综合柜员业务能力差，未能做到首问负责制，造成客户重复往返。

（2）营业厅管理应急管理不到位，无应急处置措施，客户体验感差。

考核处理

根据《国家电网有限公司供电服务质量事件与服务过错认定办法》和《国家电网有限公司员工奖惩规定》，对责任人做出以下考核处理：

（1）对主要责任人某供电所营业厅业务员经济处罚 3000 元，通报批评。

（2）对次要责任人某供电所所长经济处罚 2000 元，通报批评。

（3）对分管负责人某供电部主任经济处罚 1000 元，通报批评。

规避投诉要点

（1）提升营业厅综合柜员服务意识，严格落实"首问负责制"，及时处理客户诉求，无论办理业务是否对口，接待人员都要认真倾听，热心引导，快速衔接，并为客户提供准确的联系人、联系电话和地址。

（2）开展营业厅综合柜员业务技能、服务规范、典型投诉案例培训，提升服务沟通能力，增强业务能力，提高责任意识。

案例十八　一次告知当摆设，客户往返体验差

事件经过

某客户投诉，当日到营业厅办理开具居民增值税纸质普通发票业务时，工作人员存在未"一次性告知"造成客户重复往返的问题。

调查结果

客户反映情况属实。客户为租户，19 日 11 时持电费票据至营业厅办理换开发票业务并告知工作人员自己为燃气公司人员，要求打印增值税发票，沟通过程中，工作人员未通过系统查看电费票据为低压居民，主观认为客户打印发票为企业性质，要求提供营业执照，因客户未携带所需材料便离开营业厅，随后客户拨打95598 咨询，坐席员告知若是租户，打印普通增值税发票携带缴费凭证即可，之后客户路过营业厅，当时已经 17 点 02 分，营业厅已关门，客户在路上碰到该工作人员，再次询问是否可以开具个人发票，工作人员仍告知客户需携带营业执照办理，引发客户投诉。目前客户已通过网上国网 App 渠道打印电子发票。

违规条款

（1）违反《国家电网有限公司员工服务"十个不准"（修订版）》第六条："不准漠视客户合理用电诉求，推诿、搪塞、怠慢客户。"

（2）违反《国家电网有限公司员工服务"十项承诺"》（修订版）第八条："电费服务温馨便利。"

（3）违反《国家电网有限公司供电服务标准》5.1.8.4："实行首问负责制，一次性告知和限时办结制。"

（4）违反《国家电网有限公司供电服务规范》7.1.1："真心实意为客户着想，尽量满足客户的合理要求。对客户的咨询等诉求不推诿、不拒绝、不搪塞，及时、耐心、准确地给予解答。"

（5）违反《国家电网有限公司供电服务标准》7.2.1："熟悉国家和电力行业相关政策、法律、法规的相关规定，掌握公司优质服务基本要求、沟通技巧、业务知识等。"

（6）违反《国家电网有限公司供电服务标准》7.2.2："熟知本岗位的业务知识和相关技能，岗位操作规范、熟练，具有合格的专业技术水平。"

暴露问题

（1）营业厅工作人员业务能力差、责任心不强、服务意识欠缺、未主动服务、未执行首问负责制。

（2）营业厅管理不到位，对工作人员未能为客户办理业务的行为未能有效监管。

考核处理

根据《国家电网有限公司供电服务质量事件与服务过错认定办法》和《国家电网有限公司员工奖惩规定》，对责任人做出以下考核处理：

（1）对主要责任人某营业厅收费员经济处罚 3000 元，通报批评。

（2）对次要责任人某营业厅班长经济处罚 2000 元，通报批评。

（3）对分管负责人某供电部主任经济处罚 1000 元，通报批评。

规避投诉要点

（1）提升工作人员服务意识，严格落实"首问负责制"，及时处理客户诉求。

（2）开展服务规范、典型投诉案例培训，提高营业厅人员服务风险防范意识。

（3）加强营业厅人员业务技能培训，提高服务能力，发现一例整改一类。

（4）对客户推诿、搪塞客户现象，严肃处理，建议增加绩效考核。

案例十九　事多人少工作忙，保持耐心能救场

事件经过

客户投诉，到营业厅办理灌溉电卡业务时，工作人员存在未理客户，让客户多次等待且与客户争吵的问题。

调查结果

经调查，客户反映情况属实。由于当时营业厅客户较多，客户未能及时出示身份证要求办理充值业务，工作人员让客户找到自己的证件信息后再办。客户表示"工作人员未理客户，让客户多次等待"是因客户找到证件后需办理时，工作人员正在为另一位客户办理业务，故让客户再次等了几分钟。客户认为工作人员未按先来后到的顺序办业务，后虽及时为客户办理灌溉电卡，但因沟通时工作人员声音较大且对客户不够热情引发投诉。

违规条款

（1）违反《国家电网有限公司员工服务"十个不准"（修订版)》第六条："不准漠视客户合理用电诉求，推诿、搪塞、怠慢客户"。

（2）违反《国家电网有限公司供电服务标准》5.1.8.4：营业厅"实行首问负责制、一次性告知和限时办结制。居民客户收费办理时间一般每件不超过 5 分钟，用电业务办理时间一般每件不超过 20 分钟。"

（3）违反《国家电网有限公司供电服务标准》7.2.1："熟悉国家和电力行业相关政策、法律、法规的相关规定，掌握公司优质服务基本要求、沟通技巧、业务知识等。"

（4）违反《国家电网有限公司供电服务标准》7.2.2："熟知

本岗位的业务知识和相关技能，岗位操作规范、熟练，具有合格的专业技术水平。"

（5）违反《国家电网有限公司供电服务标准》7.3.2："为客户提供服务时，应礼貌、谦和、热情。与客户会话时，使用规范化文明用语，提倡使用普通话，态度亲切、诚恳，做到有问必答，尽量少用生僻的电力专业术语，不得使用服务禁语。工作发生差错时，应及时更正并向客户致歉。"

（6）违反《国网营销部关于印发供电营业厅运营管理规范（试行）的通知》（营销客户〔2021〕13号）第六章第三十三条："营业厅应安排备班人员，营业期间不允许出现空岗。遇有客户量突增、平均等候时间超过15分钟等情况，应及时调配备班人员参与厅内服务。"

🔍 暴露问题

（1）工作人员业务能力不足、服务意识淡薄，在客户较多时，应取得客户同意后再给下一位客户办理。

（2）班组管理存在漏洞，春灌高峰期，充值业务多，应按时段加派人手，避免出现等待时间长的问题。

⚙ 考核处理

根据《国家电网有限公司供电服务质量事件与服务过错认定办法》和《国家电网有限公司员工奖惩规定》，对责任人做出以下考核处理：

（1）对主要责任人某供电所营业厅业务员经济处罚3000元，通报批评。

（2）对次要责任人某供电所所长经济处罚2000元，通报批评。

（3）对分管负责人某供电部主任经济处罚1000元，通报批评。

规避投诉要点

（1）加强营业厅人员服务意识培训，提高营业厅人员素质提升供电服务水平，防范日常服务风险，加强监管力度。

（2）修订营业厅人员应急机制，对特殊情况的处理标准化、流程化。加强营业厅巡视巡查，及时发现问题、解决问题，提高防控能力。

（3）加强新业务培训，做好网上国网 App 宣传推广工作，畅通线上渠道服务，实行线上线下一体化。

第二节　优质服务案例

案例一　网上国网真方便，办理业务不是事

案例提要

营业厅业务员指导在国外出差的客户完成网上国网 App 认证，取得电子发票，受好评。

案例分类

营业厅服务。

服务过程

营业厅业务员刚上班就接到客户来电，电话是从国外打来的，客户张女士目前人在国外，但单位要求她提供电费发票报销，过期无法补报，业务员放下电话主动加张女士微信，并用微信指导张女士下载网上国网 App，完成实名认证，开具了电子发票，完成单位的报销工作，受到张女士的好评。

取得效果

优化营商环境工作在营业厅开展多年，简化办电流程，提高服务水平，"网上国网"App 的推广极大满足了各种客户的办电需求。

案例点评

新形势下，各企业和广大电力客户对与日常生产、生活息息相关的供电服务的深度、广度和质量提出了更高的要求，营业厅就是企业与客户之间的"连心桥"，以精心用心的服务满足企业用电需求和人民生活需求，打通用电服务"最后一公里"，真正做到客户满意、政府放心，践行"人民电业为人民"的企业宗旨，彰显央企的社会责任担当。

案例二　客户嘱托即命令，客户满意胜奖励

案例提要

疫情期间营业厅业务员接到客户电话，说客户被隔离外地无法回家，怕家里电器长时间不关有危险，营业厅业务员联系客户经理帮客户关闭负荷侧空气开关，受到客户赞扬。

案例分类

营业厅服务。

服务过程

疫情期间营业厅业务员接到客户王先生电话，他说前几天刚租的房子，在营业厅办的过户手续，当时在手机记下了营业厅的电话，今天因出差，被隔离管控在外地，无法回家。刚才想到家中的电热毯，早上赶车忘记关闭，怕时间长了会有危险，只能打电话到营业厅，想让业务员帮他想想办法，把家里电先停了。业务员马上根据客户信息联系到客户经理，配合该客户将负荷侧空气开关断电，并微信传递已停电照片，让客户放心，王先生非常满意，连声说国家电网服务就是好。

取得效果

营业厅业务员主动服务意识强，认真履责，受到用电客户的好评，提升客户满意度，树立了企业的良好形象。

案例点评

供电企业要以市场为向导，以客户为中心，工作人员在落实本责的同时，又积极响应主动服务，大力提升了客户的满意度，提高了公司的良好形象。

案例三　签订合同送上门，主动服务落实处

案例提要

客户通过网上国网 App 申请分时电价，工作人员送合同上门、客户签订合同。

案例分类

营业厅服务。

服务过程

营业厅工作人员接到客户来电，想申请峰谷分时电价，工作人员电话帮助客户通过网上国网 App 申请成功后，本着我们客户一次都不跑的服务原则，咨询客户什么时间方便，我们上门为客户重新签订供用电合同（因电价变更、还需要重新签订供用电合同）。

取得效果

把"客户一次都不跑"落到实处、把服务客户放在首位、提升客户服务，系统不能实现的，我们的工作人员实现，真真正正的体现我们"人民电业为人民"的企业宗旨。

案例点评

现在越来越多的人依助于互联网，"网上国网"App 被更多的客户所接受，很多惠民利民政策，客户都可以第一时间了解和使用。峰谷分时电价就是其中一项，既方便又实惠。

案例四　一网通办好方便，省力省时又省钱

案例提要

客户在政务服务大厅办理房产过户、交电费的名称直接过户。

案例分类

政务服务大厅窗口服务。

服务过程

客户在政务服务大厅办理房产过户，发现电费户名同时变更过了，路过供电公司的窗口咨询，得知：办理过房产过户，通过一网通办、用电户名会同时变更，一次就办结。客户说：没有想到、真是太方便、太省事了！

取得效果

全面优化"营商环境"，瞄准"获得电力"核心要素，立足优化客户办电方式，推进"三零"服务，提升客户办电体验。

案例点评

客户只进一个门，提供一套手续就可办理完毕。在这个快节奏的时代，省时、省力就是省钱。一网通办始于客户需求，终于客户满意。

第二章
抄表催费类案例

案例一　电费结清未复电，客户不满引投诉

事件经过

12月25日，某市用电客户投诉，电费结清后已超过24h（小时），供电公司仍未恢复供电。

调查结果

经核查，此用电客户在结清电费时，系统自动复电功能异常导致复电失败，而现场复电户数较多，遗漏此户，最终导致该用电客户在电费结清后超过24h未及时复电的情况，此投诉情况属实。现工作人员已到现场进行复电，用电客户已恢复正常用电。

违规条款

（1）违反《国家电网有限公司员工服务行为"十个不准"（修订版）》第六条："不准漠视客户合理用电诉求，推诿、搪塞、怠慢客户。"

（2）违反《国家电网有限公司供电服务标准》7.1.2："真心实意为客户着想，尽量满足客户的合理用电诉求。对客户的咨询等诉求不推诿、不拒绝、不搪塞，及时、耐心、准确地给予解答。用心为客户服务，主动提供更省心、更省时、更省钱的解决方案。"

（3）违反《国家电网有限公司供电服务标准》7.2.3："严格执行供电服务相关工作规范和质量标准，保质保量完成本职工作，为客户提供专业、高效的供电服务。"

（4）违反《国家电网有限公司电费抄核收管理办法》第六章第五十六条第五款："电力客户结清电费及违约金后，应在24个小时内恢复供电，如特殊原因不能恢复供电的，应向电力客户说明原因。"

🐝 暴露问题

（1）工作人员责任心、服务意识不强，未能及时满足客户的合理用电诉求。

（2）工作人员业务知识和相关技能操作不熟练，未能及时有效完成本职工作，未能给客户提供专业、高效的供电服务。

（3）工作人员服务行为不规范，供电公司工作流程缺乏有效的监督，未能及时发现存在问题并解决客户的合理诉求。

⚙️ 考核处理

根据《国家电网有限公司供电服务质量事件与服务过错认定办法》和《国家电网有限公司员工奖惩规定》，对相关责任人做出以下考核处理：

（1）对主要责任人某用电服务班台区经理经济处罚2000元，通报批评。

（2）对次要责任人某用电服务班班长经济处罚1000元，通报批评。

（3）对责任部门分管负责人营销部副主任经济处罚500元，通报批评。

🎯 规避投诉要点

（1）加大对工作人员优质服务培训教育，提高客户沟通技巧方面培训，提升客户满意度和获得感。

（2）切实规范工作人员相关业务技能，熟练掌握对应岗位操作规范，应具备合格过硬的专业技术水平，及时解决客户合理诉求，并在规定时限内联系和答复客户。

（3）应主动了解客户用电服务需求，创新服务方式，丰富服务内涵，为客户提供快捷服务，提升客户用电体验。

（4）进一步加强对服务违规行为的监督考核。

案例二　电费催交不规范，客户不满惹投诉

事件经过

1月2日，某市社区客户来电反映，要求核实2020年12月停电是否为供电公司安排，并要求送电。工单回复：供电公司并未安排人员到客户家停电，客户停电原因为家中开关跳闸。

1月14日，客户再次来电投诉工作人员在12月25日客户不欠费的情况下停电，给客户造成损失，在协商赔偿问题时，工作人员告知客户，停电人员是供电公司临时工，属个人行为，不归供电公司管且工作人员存在恐吓客户母亲的情况。

调查结果

客户反映情况属实。客户在12月3日电费发行后一直处于欠费状态，工作人员在12月11日前电话对客户进行催费，因客户手机处于欠费状态无法取得联系。为完成催费工作，12月11日到客户家中张贴催费通知单，并告知客户若逾期未交纳电费将采取停电措施。之后客户仍未交纳电费，工作人员又于12月18日登门催费，客户家中没人，故采取了停电措施，并非如客户所说在25日对客户进行停电。

工作人员在24日再次通过电话催费，客户于24日下午交纳电费后，未及时联系工作人员复电，工作人员也因工作疏忽，未及时关注客户结清电费情况，导致客户结清电费后家中仍处于停电状态。

在实施停电催费至客户结清电费期间，客户一直在外地居住，对家中停电不知情。1月2日，客户返回家中，发现家中停电且冰箱内食物损坏，故拨打工作人员电话，要求赔偿500元。工作人员在与客户协商赔偿问题时，告知客户停电人员为供电公司临时

工，停电属于其个人行为，与供电公司无关。在协商过程中，存在与客户母亲联系过程中说"就给 300 元爱咋地咋地、胡搅蛮缠"等不当语句，客户对此表示不满，引发升级投诉。

违规条款

（1）违反《国家电网有限公司员工服务行为"十个不准"（修订版）》第六条："不准漠视客户合理用电诉求，推诿、搪塞、怠慢客户。"

（2）违反《国家电网有限公司供电服务标准》7.1.2："真心实意为客户着想，尽量满足客户的合理用电诉求。对客户的咨询等诉求不推诿、不拒绝、不搪塞，及时、耐心、准确地给予解答。用心为客户服务，主动提供更省心、更省时、更省钱的解决方案。"

（3）违反《国家电网有限公司供电服务标准》7.2.3："严格执行供电服务相关工作规范和质量标准，保质保量完成本职工作，为客户提供专业、高效的供电服务。"

（4）违反《国家电网有限公司供电服务标准》7.3.2："为客户提供服务时，应礼貌、谦和、热情。与客户会话时，使用规范化文明用语，提倡使用普通话，态度亲切、诚恳，做到有问必答，尽量少用生僻的电力专业术语，不得使用服务禁语。工作发生差错时，应及时更正并向客户致歉。"

（5）违反《国家电网有限公司电费抄核收管理办法》第六章第五十六条第五款："电力客户结清电费及违约金后，应在 24 个小时内恢复供电，如特殊原因不能恢复供电的，应向电力客户说明原因。"

暴露问题

（1）工作人员责任意识淡薄，未能及时满足客户的合理用电诉求。

（2）工作人员业务知识和相关技能操作不熟练，未能及时发现客户结清电费，复电不及时造成客户无法正常用电，引发投诉问题。

（3）工作人员专业服务技能欠缺，与客户沟通过程中语气生硬，缺乏沟通技巧，造成客户不满意。

（4）工作人员服务行为不规范，未能给客户提供专业、高效的供电服务。

（5）供电公司工作流程缺乏有效的监督，未能及时发现存在问题并解决客户的合理诉求。

⚙ 考核处理

根据《国家电网有限公司供电服务质量事件与服务过错认定办法》和《国家电网有限公司员工奖惩规定》，对相关责任人做出以下考核处理：

（1）对主要责任人某用电服务班客户经理经济处罚 3000 元，通报批评。

（2）对次要责任人某用电服务班班长经济处罚 2000 元，通报批评。

（3）对责任部门分管负责人营销部副主任经济处罚 1000 元，通报批评。

（4）对责任部门负责人营销部主任经济处罚 800 元，通报批评。

🎯 规避投诉要点

（1）工作人员应牢固树立以客户为中心的服务理念，热情、耐心、准确地做好客户电力服务工作。

（2）规范工作人员相关业务技能，熟练掌握对应岗位操作规范，应具备合格过硬的专业技术水平，及时解决客户合理诉求，并在规定时限内联系和答复客户。

（3）增强工作人员防范供电服务风险意识，在服务过程中，热情、耐心、准确地做好客户电力服务工作。

（4）加强与客户紧密相关的抄表、计量、电费异常数据的监测，及时、主动发现和处置各类异常问题，争取服务客户主动性，提升客户用电满意感。

案例三 复电成功未核实，家中无电遭投诉

事件经过

1月26日，某村客户投诉，在2020年12月11日结清欠费后，至今未恢复供电。

调查结果

客户反映情况属实。2020年12月11日，客户结清电费后，经查电采系统显示于当日12点07分复电成功且无复电失败工单，因客户长期在外务工，家中一直无人，工作人员也未及时核实客户家中是否恢复正常供电，导致2021年1月26日客户务工返乡发现家中无电，引发投诉。

违规条款

（1）违反《国家电网有限公司供电服务标准》7.2.2："熟知本岗位的业务知识和相关技能，岗位操作规范、熟练，具有合格的专业技术水平。"

（2）违反《国家电网有限公司供电服务标准》7.2.3："严格执行供电服务相关工作规范和质量标准，保质保量完成本职工作，为客户提供专业、高效的供电服务。"

（3）违反《国家电网有限公司电费抄核收管理办法》第六章第五十六条第五款："电力客户结清电费及违约金后，应在24个小时内恢复供电，如特殊原因不能恢复供电的，应向电力客户说明原因。"

暴露问题

（1）工作人员责任心、服务意识不强，未能及时满足客户的

合理用电诉求。

（2）工作人员业务知识和相关技能操作不熟练，对于客户的用电情况未能做到准确核实，导致工作失误，未能给客户提供专业、高效的供电服务。

（3）工作人员服务行为不规范，供电公司工作流程缺乏有效的监督，未能及时发现存在问题并解决客户的合理诉求。

⚙ 考核处理

根据《国家电网有限公司供电服务质量事件与服务过错认定办法》和《国家电网有限公司员工奖惩规定》，对相关责任人做出以下考核处理：

（1）对主要责任人某供电所台区经理经济处罚2000元，通报批评。

（2）对次要责任人某供电所所长经济处罚1000元，通报批评。

（3）对责任部门分管负责人营销部副主任经济处罚800元，通报批评。

（4）对责任部门负责人营销部主任经济处罚500元。

🎯 规避投诉要点

（1）加大对工作人员优质服务培训教育，提高客户沟通技巧方面培训，提升客户满意度和获得感。

（2）切实规范工作人员相关业务技能，熟练掌握对应岗位操作规范，应具备合格过硬的专业技术水平，及时解决客户合理诉求，并在规定时限内联系、答复客户。

（3）应主动了解客户用电服务需求，创新服务方式，丰富服务内涵，为客户提供快捷服务，提升客户用电体验。

（4）进一步加强对服务违规行为的监督考核。

案例四　催费解释不规范，引发争议遭投诉

事件经过

4月1日，某村客户投诉，3月20日收到供电公司发送的"截至3月20日欠费2941.5元"欠费短信，联系工作人员告知此笔费用由电力稽查处查实，为5年前的费用，但未出具票据，用户表示不认可，同时拒绝交纳此笔费用，要求告知此笔费用是否合理。

调查结果

客户反映情况属实。客户为专变养殖户，所说费用为5年前，由于计量装置接线错误造成反向计量，此次计量装置接线错误由国网河南省电力公司稽查处查出，由于时间跨度较长，已无法打出当时的票据，并非不明费用，已就此费用问题现场向客户解释清楚，并未存在乱收费问题。

违规条款

（1）违反《国家电网有限公司员工服务行为"十个不准"（修订版）》第六条："不准漠视客户合理用电诉求，推诿、搪塞、怠慢客户。"

（2）违反《国家电网有限公司供电服务标准》7.1.2："真心实意为客户着想，尽量满足客户的合理用电诉求。对客户的咨询等诉求不推诿、不拒绝、不搪塞，及时、耐心、准确地给予解答。用心为客户服务，主动提供更省心、更省时、更省钱的解决方案。"

（3）违反《国家电网有限公司供电服务标准》6.3.1："供电企业为客户提供电价电费、停送电信息、供电服务信息、用电业务、业务收费、客户资料、计量装置、法律法规、服务规范、能效公共服务、电动汽车充换电、用电技术及常识等内容的咨询服务。"

　　（4）违反《国家电网有限公司供电服务标准》6.3.5："受理客户咨询时，对不能当即答复的，应说明原因，并在 5 个工作日内答复客户。"

暴露问题

　　（1）工作人员责任心和服务意识不强，未能及时满足客户的合理用电诉求。

　　（2）工作人员业务知识和相关技能操作不熟练，未能及时有效完成本职工作，未能给客户提供专业、高效的供电服务。

　　（3）工作人员服务行为不规范，应向客户耐心解释说明，争取客户理解。

　　（4）供电公司工作流程缺乏有效的监督，未能及时发现存在问题并解决客户的合理诉求。

考核处理

　　根据《国家电网有限公司供电服务质量事件与服务过错认定办法》和《国家电网有限公司员工奖惩规定》，对相关责任人做出以下考核处理：

　　（1）对主要责任人某供电所营销班长经济处罚 2000 元，通报批评。

　　（2）对次要责任人某供电所所长经济处罚 1000 元，通报批评。

　　（3）对责任部门分管负责人营销部副主任经济处罚 800 元，通报批评。

　　（4）对责任部门负责人营销部主任经济处罚 500 元。

规避投诉要点

　　（1）加大对工作人员优质服务培训教育，提高客户沟通技巧方面培训，提升客户满意度和获得感。

（2）切实规范工作人员相关业务技能，熟练掌握对应岗位操作规范，应具备合格过硬的专业技术水平，及时解决客户合理诉求，并在规定时限内联系、答复客户。

（3）应主动了解客户用电服务需求，创新服务方式，丰富服务内涵，为客户提供快捷服务，提升客户用电体验。

（4）进一步加强对服务违规行为的监督考核。

案例五　电费催收不规范，存在异议惹投诉

事件经过

4月8日，某小区客户反映，于3月1日办理暂停恢复，对3月2日抄表后产生电费57953.64元不认可，并表示现场已经停电。4月12日，客户再次致电12398投诉，对供电公司收取2月份5.7万余元的电费不认可，并表示对查询到截至4月12日，基础电费和力调电费共计需补交6.3万元不理解，现因欠费在4月7日已停电，向95598反映问题后一直无人联系，要求解决收取基本电费和力调电费的问题，并尽快恢复供电。

调查结果

客户反映情况不属实。客户3月1日申请暂停恢复，3月例日抄表收取本月基本电费32000元，基本电费参与力调电费的计算，该用户3月1日抄见有功电量为20kW·h，无功电量为60kW·h，力调电费为25934.8元，目录电费18.84元，合计电费57953.64元，该费用无问题；按照与用户签订的《费控用户电费结算协议》，3月29日费控系统预警，4月7日费控实施远程停电。客户反映截至4月12日，基础电费和力调电费共计需要补交6.3万元，此信息是客户通过网上国网App查询看到的，该金额是测算金额，实际并未向客户收取。关于向95598反映问题后一直无人联系，此情况不属实。客户反映问题后，工作人员在4月8、9日和12日多次和用户联系，解释基本电费和力调电费，建议用户根据负荷情况选择合适的基本电费计收方式，安装投入无功补偿装置，合理减少电费支出，降低用电成本。现用户于4月15日结清欠费，已为其恢复供电。

违规条款

违反《国家电网有限公司供电服务标准》6.3.1："供电企业为客户提供电价电费、停送电信息、供电服务信息、用电业务、业务收费、客户资料、计量装置、法律法规、服务规范、能效公共服务、电动汽车充换电、用电技术及常识等内容的咨询服务。"

暴露问题

（1）工作人员责任心、服务意识不强，未能及时满足客户的合理用电诉求。

（2）工作人员业务知识和相关技能操作不熟练，未能及时有效完成本职工作，未能给客户提供专业、高效的供电服务。

（3）工作人员服务行为不规范，应向客户耐心解释说明，争取客户理解。

考核处理

无。

规避投诉要点

（1）切实规范工作人员相关业务技能，熟练掌握对应岗位操作规范，应具备合格过硬的专业技术水平，及时解决客户合理诉求，并在规定时限内联系、答复客户。

（2）在首次接到客户反映问题时，未提高敏感意识，针对客户对基本电费收取不认可，未有效告知及时安抚客户，导致客户诉求升级。

（3）应主动了解客户用电服务需求，创新服务方式，丰富服务内涵，为客户提供快捷服务，提升客户用电体验。

第三章
电价电费类案例

案例一 新装用户未核实，执行错误引投诉

事件经过

2月10日，某村客户投诉，1月25日申请办理居民个人充电桩业务，2月1日抄表电费发行后客户发现执行电价为 0.6125 元/(kW·h)（非居民照明电价），存在电价执行错误。

调查结果

客户反映情况属实。1月25日，客户办理充电桩用电业务后，工作人员于当日11点46分在营销系统中发起业务流程，流程于当日17点15分归档。个人申请充电桩用电应执行居民合表电价[0.568 元/(kW·h)]，因工作人员失误将电价选为非居民照明电价[0.6125 元/(kW·h)]，造成电价执行错误。已采取为客户更改电价、退还差价的措施，解决客户问题。

违规条款

(1) 违反《国家电网有限公司供电服务标准》7.1.2："真心实意为客户着想，尽量满足客户的合理用电诉求。对客户的咨询等诉求不推诿、不拒绝、不搪塞，及时、耐心、准确地给予解答。用心为客户服务，主动提供更省心、更省时、更省钱的解决方案。"

(2) 违反《国家电网有限公司供电服务标准》7.2.1："熟悉国家和电力行业相关政策、法律、法规的相关规定，掌握公司优质服务基本要求、沟通技巧、业务知识等。"

(3) 违反《国家电网有限公司供电服务标准》6.1.5.1："根据国家有关法律法规，本着平等、自愿、诚实信用的原则，以合同形式明确公司与客户双方的权利和义务，明确产权责任分界点，

维护双方的合法权益。"

（4）违反《国家电网有限公司供电服务标准》6.1.5.2："严格执行政府部门批准的收费项目和标准，严禁利用各种方式和手段变相扩大收费范围或提高收费标准。"

（5）违反《国家电网有限公司供电服务标准》7.2.3："严格执行供电服务相关工作规范和质量标准，保质保量完成本职工作，为客户提供专业、高效的供电服务。"

暴露问题

（1）工作人员业务知识和相关技能操作不熟练，未能及时发现客户结清电费，复电不及时造成客户无法正常用电，引发投诉问题。

（2）工作人员服务行为不规范，未能给客户提供专业、高效的供电服务。

（3）供电公司工作流程缺乏有效的监督，未能及时发现存在问题并解决客户的合理诉求。

考核处理

根据《国家电网有限公司供电服务质量事件与服务过错认定办法》和《国家电网有限公司员工奖惩规定》，对相关责任人做出以下考核处理：

（1）对主要责任人某用电服务班综合柜员经济处罚3000元，通报批评。

（2）对次要责任人某用电服务班台区经理经济处罚2000元，通报批评。

（3）对责任班组负责人某用电服务班班长经济处罚1000元，通报批评。

（4）对责任部门分管负责人营销部副主任经济处罚500元，通报批评。

🎯 规避投诉要点

（1）切实规范工作人员相关业务技能，熟练掌握对应岗位操作规范，应具备合格过硬的专业技术水平，及时解决客户合理诉求，并在规定时限内联系、答复客户。

（2）应主动了解客户用电服务需求，创新服务方式，丰富服务内涵，为客户提供快捷服务，提升客户用电体验。

（3）进一步加强对服务违规行为的监督考核。

案例二 档案异常未核实，客户不满惹投诉

事件经过

3月29日，某小区客户投诉，其申请的个人充电桩用电，同时申请执行合表分时电价，2021年3月电费均按照居民峰段电价计算，存在档案算费参数执行错误。

调查结果

客户反映情况属实。2月2日，工作人员为客户办理个人充电桩用电新装业务时，将"峰谷执行标志"错误选择为"否"，与选择的"居民生活合表分时电价"矛盾，造成系统无法按照峰谷时段分别计算电费。客户3月份第一次抄表时全部电量均按峰段电价计算。已采取修改档案中算费参数，将客户"是否执行峰谷标志"更改为"是"；4月7日退补流程生效后，退还多计算电费的措施，解决客户问题。

违规条款

(1) 违反《国家电网有限公司供电服务标准》7.2.1："熟悉国家和电力行业相关政策、法律、法规的相关规定，掌握公司优质服务基本要求、沟通技巧、业务知识等。"

(2) 违反《国家电网有限公司供电服务标准》6.1.5.1："根据国家有关法律法规，本着平等、自愿、诚实信用的原则，以合同形式明确公司与客户双方的权利和义务，明确产权责任分界点，维护双方的合法权益。"

(3) 违反《国家电网有限公司供电服务标准》6.1.5.2："严格执行政府部门批准的收费项目和标准，严禁利用各种方式和手段变相扩大收费范围或提高收费标准。"

（4）违反《国家电网有限公司供电服务标准》7.2.3："严格执行供电服务相关工作规范和质量标准，保质保量完成本职工作，为客户提供专业、高效的供电服务。"

暴露问题

（1）工作人员业务知识和相关技能操作不熟练，未能正确选择档案中算费参数，导致电费计算错误，引发投诉问题。

（2）工作人员服务行为不规范，未能给客户提供专业、高效的供电服务。

（3）供电公司工作流程缺乏有效的监督，未能及时发现存在问题并解决客户的合理诉求。

考核处理

根据《国家电网有限公司供电服务质量事件与服务过错认定办法》和《国家电网有限公司员工奖惩规定》，对相关责任人做出以下考核处理：

（1）对主要责任人某供电中心用电服务班业务受理员经济处罚3000元，通报批评。

（2）对次要责任人某供电中心用电服务班班长经济处罚2000元，通报批评。

（3）对分管负责人某供电中心五级职员经济处罚1000元，通报批评。

（4）对责任部门分管负责人营销部副主任经济处罚500元，通报批评。

规避投诉要点

（1）切实规范工作人员相关业务技能，熟练掌握对应岗位操作规范，应具备合格过硬的专业技术水平，及时解决客户合理诉求，并在规定时限内联系、答复客户。

（2）应主动了解客户用电服务需求，创新服务方式，丰富服务内涵，为客户提供快捷服务，提升客户用电体验。

（3）进一步加强对服务违规行为的监督考核。

案例三　光伏结算不及时，解释不利引投诉

事件经过

7月15日，某村客户投诉当地经常延迟下发光伏上网电费，2021年第一季度上网电费已下发，但7月14日供电公司告知客户会在8月份下发6月1日之前的电费，客户不认可，要求尽快按季度正常下发上网电费，并对供电公司进行相应处罚。

调查结果

客户反映情况属实。按照与客户签订的《分布式光伏发电项目低压发用电合同》中规定，供电公司按每季向客户结算上网电费，因抄表周期及发行均为次月，结算需等次月电费发行后打印结算单，由客户签字确认后，根据需结算支付资金向财务提报资金预算，财务根据提报预算下月再进行系统结算并进行支付。目前该客户上一季度上网电费结算正在办理流程中，已走至结算支付环节。故不存在客户反映"供电公司经常延迟下发时间，7月14日告知客户会在8月份下发6月1日之前的电费"的情况。另客户要求对供电公司工作人员进行相应处罚，因工作人员严格按照操作流程按季度结算光伏电费，故不对相关工作人员进行相应处罚。

违规条款

（1）违反《国家电网有限公司供电服务标准》7.2.1："熟悉国家和电力行业相关政策、法律、法规的相关规定，掌握公司优质服务基本要求、沟通技巧、业务知识等。"

（2）违反《国家电网有限公司供电服务标准》6.3.1："供电企业为客户提供电价电费、停送电信息、供电服务信息、用电业

务、业务收费、客户资料、计量装置、法律法规、服务规范、能效公共服务、电动汽车充换电、用电技术及常识等内容的咨询服务。"

暴露问题

（1）工作人员责任心、服务意识不强，未能及时满足客户的合理用电诉求。

（2）工作人员业务知识和相关技能操作不熟练，未能及时有效完成本职工作，未能给客户提供专业、高效的供电服务。

（3）工作人员服务行为不规范，应向客户耐心解释说明，争取客户理解。

考核处理

无。

规避投诉要点

（1）切实规范工作人员相关业务技能，熟练掌握对应岗位操作规范，应具备合格过硬的专业技术水平，及时解决客户合理诉求，并在规定时限内联系、答复客户。

（2）在首次接到客户反映问题时，未提高敏感意识，针对客户对上网电费发放不及时，未有效告知及时安抚客户，导致客户诉求升级。

（3）应主动了解客户用电服务需求，创新服务方式，丰富服务内涵，为客户提供快捷服务，提升客户用电体验。

案例四　客户拒缴违约金，解释不利惹投诉

事件经过

3月1日，某公司客户反映因晚交电费导致有违约金产生不认可，客户认为应该按照国家相关政策不收违约金，请相关部门尽快核实处理。地市供电公司回复：此次交纳电费为2月电费（1月用电量），根据《供电营业规则》第九十八条规定：用户在供电企业规定的期限内未交清电费时，应承担电费滞纳的违约责任。电费违约金从逾期之日起计算至交纳日止。3月7日，客户再次拨打12398投诉，自称是某公司，2月25日其公司收到电费账单，账单显示需2月29日前交纳电费，但是用户在3月1日到某营业厅交纳电费时，对其产生35元滞纳金，认为不合理，引发投诉。

调查结果

客户反映情况属实。2月25日，供电公司向该公司下发2月电费账单，请客户在2月29日前结清电费。客户3月1日到达某营业厅交费时，因逾期交费一天，营销系统自动核算一日的滞纳金32.76元。客户经理向公司营销部核实，按照《供电营业规则》和供用电合同规定，迟交电费需按规定交纳违约金，故告知客户需交纳此笔滞纳金。3月4日客户认为不合理拨打95598反映情况后，得知为统一规定后，仍旧表示不满，故拨打12398再次反映同一问题。工作人员依据法规及合同规定，与客户耐心沟通解释后，客户表示满意认可。

违规条款

（1）违反《国家电网有限公司供电服务标准》7.1.2："真心实意为客户着想，尽量满足客户的合理用电诉求。对客户的咨询

等诉求不推诿、不拒绝、不搪塞，及时、耐心、准确地给予解答。用心为客户服务，主动提供更省心、更省时、更省钱的解决方案。"

（2）违反《国家电网有限公司供电服务标准》7.2.1："熟悉国家和电力行业相关政策、法律、法规的相关规定，掌握公司优质服务基本要求、沟通技巧、业务知识等。"

（3）违反《国家电网有限公司供电服务标准》6.3.1："供电企业为客户提供电价电费、停送电信息、供电服务信息、用电业务、业务收费、客户资料、计量装置、法律法规、服务规范、能效公共服务、电动汽车充换电、用电技术及常识等内容的咨询服务。"

暴露问题

（1）工作人员责任心、服务意识不强，未能及时满足客户的合理用电诉求。

（2）工作人员业务知识和相关技能操作不熟练，未能及时有效完成本职工作，未能给客户提供专业、高效的供电服务。

（3）在首次接到客户反映问题时，未提高敏感意识，针对客户对电费违约金收取不认可，未有效告知及时安抚客户，导致客户诉求升级。

（4）工作人员服务行为不规范，应向客户耐心解释说明，争取客户理解。

考核处理

根据《国家电网有限公司供电服务质量事件与服务过错认定办法》和《国家电网有限公司员工奖惩规定》，对相关责任人做出以下考核处理：

（1）对主要责任人某供电所综合柜员经济处罚1000元，通报批评。

（2）对次要责任人某用电服务班台区经理经济处罚 800 元，通报批评。

（3）对责任班组负责人某用电服务班班长经济处罚 500 元，通报批评。

（4）对责任部门分管负责人营销部副主任经济处罚 300 元，通报批评。

规避投诉要点

（1）切实规范工作人员相关业务技能，熟练掌握对应岗位操作规范，应具备合格过硬的专业技术水平，及时解决客户合理诉求，并在规定时限内联系、答复客户。

（2）应主动了解客户用电服务需求，创新服务方式，丰富服务内涵，为客户提供快捷服务，提升客户用电体验。

案例五　电量突增惹质疑，核查不利引投诉

事件经过

某公司客户反映电量和电费过高，地市供电公司回复：该户在 4 月 26 日轮换表计，经核实抄表数据准确，已将处理结果告知客户，如客户有异议，建议到营业厅办理校表手续，之后客户再次拨打 95598，工作人员推诿，导致客户不满投诉。

调查结果

客户反映情况属实。经调查，工作人员并未去现场核实表计，是电费发行后，客户对电费有疑问，拨打 95598 进行咨询，工作人员接到单子后与客户联系，向其解释电费时，缺乏沟通技巧且态度不好，给客户造成不良感知引发升级投诉。客户电费过高的原因为在表计轮换走票时，误将抄表示数 15434.74 录入成 15710，该户倍率为 15，故 5 月份突增异常电量 4129kW·h，公司已将多算电费 2343.3 元退至客户电费账户，并安排专人与客户沟通，已取得客户谅解。

违规条款

（1）违反《国家电网有限公司供电服务标准》7.1.2："真心实意为客户着想，尽量满足客户的合理用电诉求。对客户的咨询等诉求不推诿、不拒绝、不搪塞，及时、耐心、准确地给予解答。用心为客户服务，主动提供更省心、更省时、更省钱的解决方案。"

（2）违反《国家电网有限公司供电服务标准》7.2.1："熟悉国家和电力行业相关政策、法律、法规的相关规定，掌握公司优质服务基本要求、沟通技巧、业务知识等。"

（3）违反《国家电网有限公司供电服务标准》7.2.2："熟知本岗位的业务知识和相关技能，岗位操作规范、熟练，具有合格的专业技术水平。"

（4）违反《国家电网有限公司供电服务标准》6.3.1："供电企业为客户提供电价电费、停送电信息、供电服务信息、用电业务、业务收费、客户资料、计量装置、法律法规、服务规范、能效公共服务、电动汽车充换电、用电技术及常识等内容的咨询服务。"

暴露问题

（1）工作人员责任心、服务意识不强，未能及时满足客户的合理用电诉求。

（2）工作人员业务知识和相关技能操作不熟练，未能及时有效完成本职工作，未能给客户提供专业、高效的供电服务。

（3）工作人员业务知识和相关技能操作不熟练，对于客户的用电情况未能做到准确核实，导致工作失误。

（4）工作人员专业服务技能欠缺，与客户沟通过程中语气生硬，缺乏沟通技巧，造成客户不满意引发投诉。

考核处理

根据《国家电网有限公司供电服务质量事件与服务过错认定办法》和《国家电网有限公司员工奖惩规定》，对相关责任人做出以下考核处理：

（1）对主要责任人某供电中心用电服务班业务受理员经济处罚2000元，通报批评。

（2）对次要责任人某供电中心用电服务班班长经济处罚1000元，通报批评。

（3）对分管负责人某供电中心五级职员经济处罚800元，通报批评。

（4）对责任部门分管负责人营销部副主任经济处罚 500 元，通报批评。

🎯 **规避投诉要点**

（1）切实规范工作人员相关业务技能，熟练掌握对应岗位操作规范，应具备合格过硬的专业技术水平，及时解决客户合理诉求，并在规定时限内联系、答复客户。

（2）应主动了解客户用电服务需求，创新服务方式，丰富服务内涵，为客户提供快捷服务，提升客户用电体验。

（3）进一步加强对服务违规行为的监督考核。

案例六　档案变更不及时，电费差错遭投诉

事件经过

2020年5月，某大工业客户反映已申请暂停至50kVA容量，其交纳电费中还有功率因数调整电费，不符合电价电费政策，客户表示不满引投诉。

调查结果

客户反映情况属实。该客户申请自4月1日起变压器暂停至50kVA，工作人员办理工作票时认为是大工业用户，并没有更改其功率因数执行标准。根据《关于颁发〈利率调整办法〉的通知》（［83］水电财字第215号）要求，该用户暂停后的容量不符合执行功率因数执行标准，现已将客户电价信息调整正确，并将多收电费退还客户，客户表示满意。

违规条款

（1）违反《国家电网有限公司供电服务标准》7.1.2："真心实意为客户着想，尽量满足客户的合理用电诉求。对客户的咨询等诉求不推诿、不拒绝、不搪塞，及时、耐心、准确地给予解答。用心为客户服务，主动提供更省心、更省时、更省钱的解决方案。"

（2）违反《国家电网有限公司供电服务标准》7.2.1："熟悉国家和电力行业相关政策、法律、法规的相关规定，掌握公司优质服务基本要求、沟通技巧、业务知识等。"

（3）违反《国家电网有限公司供电服务标准》7.2.2："熟知本岗位的业务知识和相关技能，岗位操作规范、熟练，具有合格的专业技术水平。"

（4）违反《国家电网有限公司供电服务标准》6.3.1："供电企业为客户提供电价电费、停送电信息、供电服务信息、用电业务、业务收费、客户资料、计量装置、法律法规、服务规范、能效公共服务、电动汽车充换电、用电技术及常识等内容的咨询服务。"

🔍 暴露问题

（1）工作人员责任心、服务意识不强，未能及时满足客户的合理用电诉求。

（2）工作人员业务知识和相关技能操作不熟练，未能及时有效完成本职工作，未能给客户提供专业、高效的供电服务。

（3）工作人员服务行为不规范，供电公司工作流程缺乏有效的监督，未能及时发现存在问题并解决客户的合理诉求。

⚙️ 考核处理

根据《国家电网有限公司供电服务质量事件与服务过错认定办法》和《国家电网有限公司员工奖惩规定》，对相关责任人做出以下考核处理：

（1）对主要责任人某供电中心用电服务班业务受理员经济处罚2000元，通报批评。

（2）对次要责任人某供电中心用电服务班班长经济处罚1000元，通报批评。

（3）对分管负责人某供电中心五级职员经济处罚800元，通报批评。

（4）对责任部门分管负责人营销部副主任经济处罚500元，通报批评。

🎯 规避投诉要点

（1）切实规范工作人员相关业务技能，熟练掌握对应岗位操作规范，应具备合格过硬的专业技术水平，及时解决客户合理诉求，并在规定时限内联系、答复客户。

（2）加强与客户紧密相关的抄表、计量、电费异常数据的监测，及时、主动发现和处置各类异常问题，争取服务客户主动性，提升客户用电满意感。

（3）加大对工作人员优质服务培训教育，提高客户沟通技巧方面培训，提升客户满意度和获得感。

（4）应主动了解客户用电服务需求，创新服务方式，丰富服务内涵，为客户提供快捷服务，提升客户用电体验。

第四章
业扩报装类案例

第一节 典型案例

案例一 投资政策不执行，回访实情现端倪

事件经过

客户服务中心回访时发现，某县公司低压小微企业客户新装电能表过程中自己购买 25m 电线，并给工作人员一盒烟（共计价值 100 元左右）。

调查结果

客户反映情况属实。2021 年 12 月 27 日上午，该客户通过"网上国网"发起低压新装业务，客户经理黄某与客户约至次日下午现场服务。工作人员如期到达现场，但现场施工时发现剩余电线不足，与客户商量由客户提供电线或第二天带够材料再来施工。客户同意购买材料现场安装，沟通过程中，客户给工作人员让烟，并把打开的一盒烟给了工作人员，工作人员推让后，最终收下。

违规条款

（1）违反《国家电网有限公司供电服务标准》5.4.6.3："到客户现场工作时，应携带必备的工具和材料。"

（2）违反《国家电网有限公司员工服务"十个不准"（修订版）》第九条："不准接受客户吃请和收受客户礼品、礼金、有价证券等。"

（3）违反《国务院办公厅转发国家发展改革委等部门关于清理规范城镇供水供电供气供暖行业收费促进行业高质量发展意见的通知》（国办函〔2020〕129 号）第二条第五款："在城镇规划建设用地范围内，供水、供电、供气、供热企业的投资界面应延伸至用户建筑区划红线，除法律法规和相关政策另有规定外，不得由用户承担建筑区划红线外发生的任何费用。"

暴露问题

（1）工作人员未能严格执行投资政策，违规让客户购买应由供电公司投资的物资。

（2）工作人员规范意识淡薄，违规收取客户礼品。

（3）工作人员主动服务意识不强，开展现场工作前与客户沟通不到位，未能充分对现场施工情况做出正确预判，导致材料准备不足。

（4）业扩管理不到位，对员工执行"十个不准"及投资政策方面缺乏有效的监督。

考核处理

根据《国家电网有限公司供电服务质量事件与服务过错认定办法》《国家电网有限公司员工奖惩规定》和《国网××省电力公司供电服务"零容忍"考核实施意见》，对相关责任人作出以下考核处理：

（1）对主要责任人客户经理黄某经济处罚 3000 元，待岗一年。

（2）对次要责任人某工作人员经济处罚 2000 元，通报批评，取消年度评先晋升资格。

（3）对责任班组负责人某班班长经济处罚 2000 元，通报批评，取消班组年度评先资格。

（4）对责任部门分管负责人营销部副主任经济处罚 1000 元，通报批评，取消部门年度评先资格。

（5）对责任部门负责人营销部主任经济处罚 1000 元，通报批评。

（6）对责任单位分管负责人某供电公司副总经理经济处罚

1000 元，通报批评。

🎯 规避投诉要点

（1）加强对投资界面相关文件的再宣贯、再学习，严格执行国家要求的投资政策。

（2）增强工作人员规矩意识，认真学习国网公司"两个十条"，杜绝吃、拿、卡、要的情况发生。

（3）提升工作人员规范服务意识，用心为客户提供更省心、更省时、更省钱的解决方案。

（4）加大对工作人员的培训教育，加强工作责任心，现场服务前应充分考虑现场物资消耗情况，合理领用必备材料。

案例二　办电资料私增加，爆打电话惹不满

事件经过

客户投诉，其前期通过网上国网方式申请办理居民充电桩报装业务。工作人员徐某致电客户多次，由于自己正在开会，给其挂断后，但工作人员仍一直打，给其带来不好的影响。客户后期回电时，该工作人员存在说话强硬、粗鲁、辱骂客户等情况。

调查结果

客户反映情况属实。2021 年 3 月 7 日，客户通过网上国网 App 报装充电桩，客户经理徐某接到报装申请后第一时间联系客户，与客户约定 3 月 8 日上午现场收资定位，3 月 8 日上午徐某按约定现场服务时，收取了不动产证、身份证明、物业证明、车位证明及购车证明，并与客户约定 9 日下午现场装表。3 月 9 日 13：50 业扩施工人员赵某到达施工现场，13：58 拨打客户电话未接通后向其发短信告知需回复电话，未得到反馈的情况下在 40min 内又连续拨打客户手机 7 次，客户均未接通或直接拒接。15：00 赵某在地下室等待一个小时后仍未接到客户回电便赶往其他地点工作。客户表述 15：00 左右回拨黄增建电话无人接听，实际为黄增建在地下室因信号原因未接到任何来电。

3 月 9 日 15：28，客户联系客户经理徐某催促装表事宜，徐某意识到客户通话语气中带有情绪，安抚客户后便立即打电话给业扩施工人员赵某，告知请其返回现场施工，务必注意服务态度。

3 月 9 日 16：15 赵某返回客户现场并完成施工，期间客户不在现场。

3 月 9 日 18：54 客户下班回家后，电话联系赵某询问施工情况并指责其连续拨打电话严重影响其工作，双方在电话中发生

争执。

违规条款

（1）违反《国家电网有限公司供电服务标准》7.3.2："为客户提供服务时，应礼貌、谦和、热情。"

（2）违反《国家电网有限公司员工服务"十个不准"（修订版)》第三条："不准无故拒绝或拖延客户用电申请、增加办理条件和环节。"

暴露问题

（1）执行业扩报装要求不规范，私增办电资料（居民充电桩无需提供不动产证）。

（2）基层人员服务敏感意识不足。工作人员仅站在自身立场考虑问题，连续拨打客户电话，对客户正常生活产生影响后未主动向客户表示歉意，争取客户谅解。

（3）客户经理缺乏沟通技巧履职不到位。与客户联系应由客户经理亲自承担。在本次投诉中，客户经理未发挥好首问负责制及一口对外沟通的职责，完全放手交由外委人员处置，虽然发现问题后指导外委人员如何处理，但未跟进后续处置情况，以致双方矛盾激化并引发投诉。

（4）工作人员服务技巧欠缺。对外服务缺少统一服务标准，与客户沟通过程缺少统一的标准话术与服务提醒。

（5）外委队伍同质化管理不到位。对外委施工人员的服务培训不到位，对外委队伍及人员的管理和培训未达到公司人员的标准。

（6）管理部门存在管理不严、不细的情况，未制订对外服务工作中的规范流程、标准话术与服务用语。

考核处理

根据《国家电网有限公司供电服务质量事件与服务过错认定

办法》《国家电网有限公司员工奖惩规定》和《国网××省电力公司供电服务"零容忍"考核实施意见》，对相关责任人做出以下考核处理：

（1）对主要责任人业扩施工人员赵某经济处罚 3000 元，解除聘用。

（2）对次要责任人客户经理徐某经济处罚 2000 元，待岗一年，取消年度评先晋升资格。

（3）对责任班组负责人某班班长经济处罚 2000 元，通报批评，取消班组年度评先资格。

（4）对责任部门分管负责人经济处罚 1000 元，通报批评，取消部门年度评先资格。

（5）对责任部门负责人经济处罚 1000 元，通报批评。

（6）对责任单位分管负责人经济处罚 1000 元，通报批评。

规避投诉要点

（1）规范业扩对外服务流程，加强对外服务监督，严格执行收资要求。

（2）加大对工作人员的培训教育。特别是沟通技巧方面的培训，针对对外服务中不同环节制订与客户沟通的交流话术、短信统一模板，规避服务风险，提升服务水平。

（3）提升基层人员服务敏感意识。加大基层人员服务方面的学习、教育和培训力度，提升服务意识。要求与客户沟通时，要站在客户角度思考问题，时刻注意自身的言行及沟通技巧，坚决避免与客户产生直接言语冲突。要求各服务人员服务过程中，必须做好全过程录音或录像，留存短信、微信等佐证。

（4）加强客户经理管理。客户经理是客户服务的第一责任人，应严格执行首问负责制及一口对外原则。在服务过程中，与客户的沟通必须全过程参与，对有外委人员参与的服务工作做到全程可控、在控。若出现各类服务风险，第一时间出面协调沟通，确保处置到位。

（5）加强外委人员同质化管理。各城区供电公司要加强外委队伍管理，对外委人员的管理按照公司标准要求对待，定期组织外委队伍人员同公司人员一起进行各类服务培训和学习，将外委人员纳入城区公司内部班组管理，对外委人员出现的思想懈怠问题，班所长要第一时间做出反映，及时介入，无法解决的问题，升级处置，以避免此类事件再次发生。

（6）落实后续长效管理措施。针对性措施的制订及落实、典型案例编制及教育学习，借堑长智，组织警示学习，完善本单位防范措施，杜绝同一类型事件再次发生。

案例三　受理需求不上机，"体外循环"惹麻烦

事件经过

客户拨打意见电话反映，其在营业厅申请增容业务，系统显示增容已完成，但是客户表示家中还未接线，无法用电。

调查结果

客户反映情况属实。2021 年 12 月 11 日，客户在营业厅申请增容业务，但经查阅营销系统，2021 年 12 月 19 日才在系统中受理客户业务，同时系统显示增容流程已完成，但是客户表示实际家中还未接线，无法用电。客户现场与营销系统不一致，存在体外循环问题。

违规条款

（1）违反《国家发展改革委国家能源局关于全面提升"获得电力"服务水平持续优化用电营商环境的意见》（发改能源规〔2020〕1479 号）第三条："要如实记录用电报装时间信息，禁止'体外循环'、后补流程或重走流程。"

（2）违反《国家电网有限公司员工服务"十个不准"（修订版）》第三条："不准无故拒绝或拖延客户用电申请，增加办理条件和环节。"

暴露问题

（1）营业厅工作人员合规意识和供电服务意识淡薄，导致业扩时长不真实，流程环节脱离监控。

（2）为了追求指标提升，通过先走流程的方式规避时限监管。

⚙️ 考核处理

根据《国家电网有限公司供电服务质量事件与服务过错认定办法》《国家电网有限公司员工奖惩规定》《国网××省电力公司供电服务"零容忍"考核实施意见》，对相关责任人做出以下考核处理：

（1）对主要责任人某营业厅工作人员经济处罚 3000 元，待岗一年。

（2）对次要责任人某营业班副班长经济处罚 2000 元，通报批评，取消年度评先晋升资格。

（3）对责任班组负责人营业班班长经济处罚 2000 元，通报批评，取消班组年度评先资格。

（4）对责任部门分管负责人经济处罚 1000 元，通报批评，取消部门年度评先资格。

（5）对责任部门负责人经济处罚 1000 元，通报批评。

（6）对责任单位分管负责人经济处罚 1000 元，通报批评。

🎯 规避投诉要点

（1）严格按照"受理即入机"的工作要求，让客户办电需求第一时间进入业务系统流转，坚决杜绝体外循环。

（2）开展业扩报装"体外循环"专项治理行动，加大专题培训及考核力度，提高政策知晓度、覆盖面、落实率，确保市县业扩管理人员、供电所（班组）一线客户经理宣贯学习 100％全覆盖。

案例四 业扩报装"三指定"，有章不循受处罚

事件经过

客户拨打意见电话反映，其到某乡镇供电所申请三相电能表新装，供电公司安排的客户经理要求到指定的地址购买电杆到电能表的线路、三相电能表、表箱、保护装置等，并且客户经理迟迟不给客户装表，同时接受客户多次吃请，引发客户不满。

调查结果

客户反映情况属实。2021 年 2 月 10 日左右，客户到某乡镇供电所申请三相电能表新装，供电公司客户经理要求客户自己购买电杆到电能表的线路、三相电能表、表箱、保护装置等。客户于 2 月 24 日到该客户经理指定的地址，购买了电杆到电能表线路及漏电保护装置，总计 1020 元（含保护装置 470 元）。同时，因为迟迟不给客户装表（拖延大约半个月时间），导致客户多次请该客户经理吃饭（不下 5 次），该客户经理装表时还向客户要了 2 包烟，装完表客户请其吃饭时还偷摸找服务员点了 4 包烟，客户请客吃饭及烟钱一共花了 300 多元（吃饭的酒客户从家自己带的）。

违规条款

（1）违反《国家电网有限公司员工服务"十个不准"（修订版）》第一条："不准违规停电、无故拖延检修抢修和延迟送电。"

（2）违反《国家电网有限公司员工服务"十个不准"（修订版）》第四条："不准为客户工程指定设计、施工、供货单位。"

（3）违反《国家电网有限公司员工服务"十个不准"（修订版）》第九条："不准接受客户吃请和收受客户礼品、礼金、有价证券等。"

暴露问题

（1）客户经理规矩意识和服务意识淡薄，利用工作之便谋取不正当利益，损害自身及供电公司形象。

（2）业扩报装工作全过程业务管控和人员监督不到位。

考核处理

根据《国家电网有限公司供电服务质量事件与服务过错认定办法》《国家电网有限公司员工奖惩规定》《国网××省电力公司供电服务"零容忍"考核实施意见》，对相关责任人做出以下考核处理：

（1）对主要责任人客户经理经济处罚3000元，待岗一年。

（2）对次要责任人某供电所副所长经济处罚2000元，通报批评，取消年度评先晋升资格。

（3）对责任班组负责人某供电所所长经济处罚2000元，通报批评，取消班组年度评先资格。

（4）对责任部门分管负责人经济处罚1000元，通报批评，取消部门年度评先资格。

（5）对责任部门负责人经济处罚1000元，通报批评。

（6）对责任单位分管负责人经济处罚1000元，通报批评。

规避投诉要点

（1）在醒目位置公示12398能源监管热线、95598供电服务热线，以及国家能源局《供电监管办法》《用户受电工程"三指定"行为认定指引》等监管要求。

（2）编制"三指定"行为案例集，以案说法、以案示警、以案促改、举一反三，增强基层学习的针对性和实效性。

（3）加强对关键岗位人员的培养，提升人员业务素质和工作能力。

案例五　追求线上办电率，老人办电困难多

事件经过

客户反映其父亲到某营业厅办理低压非居民新装业务时，工作人员让其回家打电话预约办电，客户对此不认可。同时，客户表示在其拨打意见电话后，工作人员每天都联系客户，对客户造成了骚扰，要求不能再联系客户了。

调查结果

客户反映情况属实。客户的父亲携带资料到营业厅申请低压非居民新装业务，但工作人员将一次性告知书给老人后，让其回家通过"网上国网"App、政务服务网、本地服务电话等线上渠道办理。

违规条款

（1）违反《国家发展改革委国家能源局关于全面提升"获得电力"服务水平持续优化用电营商环境的意见》（发改能源规〔2020〕1479号）第五条："用户有权自主选择用电报装线上线下办理渠道，供电企业不得加以限定。"

（2）违反《国家电网有限公司员工服务"十个不准"（修订版）》第三条："不准无故拒绝或拖延客户用电申请、增加办理条件和环节。"

暴露问题

（1）盲目追求线上办电率指标的提升，而忽视了客户实际办电体验，尤其是针对老年客户群里，服务举措不够丰富，耐心不足。

（2）营业厅工作人员对近年来"获得电力"相关文件内容学习不到位，内外部监管重点认识不足。

考核处理

根据《国家电网有限公司供电服务质量事件与服务过错认定办法》《国家电网有限公司员工奖惩规定》《国网××省电力公司供电服务"零容忍"考核实施意见》，对相关责任人做出以下考核处理：

（1）对主要责任人某营业厅工作人员经济处罚3000元，待岗一年。

（2）对次要责任人某营业班副班长经济处罚2000元，通报批评，取消年度评先晋升资格。

（3）对责任班组负责人某营业班班长经济处罚2000元，通报批评，取消班组年度评先资格。

（4）对责任部门分管负责人经济处罚1000元，通报批评，取消部门年度评先资格。

（5）对责任部门负责人经济处罚1000元，通报批评。

（6）对责任单位分管负责人经济处罚1000元，通报批评。

规避投诉要点

（1）加大线上线下办电渠道宣传推广。

（2）提升工作人员服务意识，为老年客户群体提供更丰富的办电方式。

（3）加大政策宣贯培训力度，明确要求不得限定用户选择报装渠道。

案例六　拒报限报轮流来，客户愤而来投诉

事件经过

客户反映在网上国网申请办理"居民自建充电桩"，客户经理未按照客户预约时间上门现场勘查并要求客户立即到场，因客户不能到场导致工单被取消；客户多次申请均以各种理由告知无法安装且服务态度差，造成客户不良感知。

调查结果

客户反映情况属实。2021 年 8 月 25 日，客户在网上国网申请办理"居民自建充电桩"，客户经理未按照客户预约时间上门现场勘查并要求客户立即到场，当时因为客户不能到场导致工单被取消；8 月 26 日客户再次联系客户经理，现场勘查后告知两周之内进行装表；后续 9 月 4 日客户打电话询问进度，客户经理告知因为材料申请较复杂预计 1 个月才能装。后来 9 月 5 日客户朋友帮助其再次申请，但还是因不能到场为由被取消工单，其朋友打当地投诉电话后，一女领导告知两周内装表，9 月 13 日其朋友再次联系，供电公司客户经理现场勘查后告知需要客户本人带资料到场才能装。

违规条款

违反《国家电网有限公司员工服务"十个不准"（修订版）》第三条："不准无故拒绝或拖延客户用电申请，增加办理条件和环节。"

暴露问题

（1）工作规范执行不到位。客户经理未按照客户预约时间上门现场勘查，而是自定时间到现场进行勘查，并以客户不能及时到场为由取消工单。

（2）客户经理服务意识、责任意识不强，客户自 8 月 25 日起，多次在"网上国网"申请办理个人充电桩业务，客户经理要求客户取消线上工单，并且未按照公司对外承诺时间办结业务。

（3）未履行公司业扩规定，要求客户必须本人带资料到场才能现场勘查，并以此为由拒绝办理，推诿客户。

⚙ 考核处理

根据《国家电网有限公司供电服务质量事件与服务过错认定办法》《国家电网有限公司员工奖惩规定》《国网××省电力公司供电服务"零容忍"考核实施意见》，对相关责任人做出以下考核处理：

（1）对主要责任人某供电所客户经理经济处罚 3000 元，待岗一年。

（2）对次要责任人某供电所副所长经济处罚 2000 元，通报批评，取消年度评先晋升资格。

（3）对责任班组负责人某供电所所长经济处罚 2000 元，通报批评，取消班组年度评先资格。

（4）对责任部门分管负责人经济处罚 1000 元，通报批评，取消部门年度评先资格。

（5）对责任部门负责人经济处罚 1000 元，通报批评。

（6）对责任单位分管负责人经济处罚 1000 元，通报批评。

🎯 规避投诉要点

（1）加强培训宣贯，及时传达上级相关政策文件内容，并严格按照文件规定落实到位。

（2）建立台区变压器重过载监测预警机制，设立台账并及时上报公司列入年度改造计划，对变压器进行增容或改造。

（3）转变员工思想，提高营商环境服务意识，在政策允许范围内，做到不拒报、不限报。

案例七　反复拖延不装表，情节严重遭投诉

事件经过

客户反映多次到营业厅申请办理居民新装业务，但前后历经7～8个月仍未装表接电，并且营业厅工作人员多次推脱办理，另外客户经理服务差，客户表示不满意。

调查结果

客户反映情况属实。客户2021年3月30日去营业厅办理用电申请，营业厅工作人员受理其新装业务。经查询营销系统，显示低压居民新装流程已于两个工作日内结束，但直到2021年11月10日仍未有人为客户安装电能表，并且营业厅工作人员多次以"人不在""不会使用电脑"为由推脱为其办理，造成客户一直未装表接电且重复跑趟。

违规条款

（1）违反《国家电网有限公司员工服务"十个不准"（修订版）》第三条："不准无故拒绝或拖延客户用电申请、增加办理条件和环节。"

（2）违反《国家电网有限公司员工服务"十个不准"（修订版）》第六条："不准漠视客户合理用电诉求，推诿、搪塞、怠慢客户。"

暴露问题

（1）营业厅工作人员服务意识和合规意识淡薄，没有树立起以客户为中心的服务理念。

（2）业扩报装过程管控和时限监管不够严格，没有及时掌握

客户真实用电情况。

（3）规章制度落实不到位。

⚙️ 考核处理

根据《国家电网有限公司供电服务质量事件与服务过错认定办法》《国家电网有限公司员工奖惩规定》《国网××省电力公司供电服务"零容忍"考核实施意见》，对相关责任人做出以下考核处理：

（1）对主要责任人某营业厅工作人员经济处罚3000元，待岗一年。

（2）对次要责任人某客户经理经济处罚2000元，调整岗位，取消年度评先晋升资格。

（3）对责任班组负责人某营业班班长经济处罚2000元，通报批评，取消班组年度评先资格。

（4）对责任部门分管负责人经济处罚1000元，通报批评，取消部门年度评先资格。

（5）对责任部门负责人经济处罚1000元，通报批评。

（6）对责任单位分管负责人经济处罚1000元，通报批评。

🎯 规避投诉要点

（1）加大学习宣贯力度，组织工作人员认真学习公司规章制度、服务规范、工作标准和员工行为规范等政策文件。

（2）提高工作人员服务意识，树立以客户为中心的服务理念。

（3）加强业扩报装过程管控和时限监管，避免发生工单流转与客户实际用电情况不符的情况。

案例八　新装电表乱取费，客户不满来投诉

事件经过

某村客户投诉，2 月 20 日下午，客户经理安装电能表时收取费用 93 元，未告知具体是什么费用，也未开具收据。

调查结果

客户反映情况属实。客户在 2 月 19 日申请新装用电，工作人员于当日录入营销系统，第二天客户经理到客户家中准备装表接电。客户经理到现场安装时，仅客户儿子在现场，过程中告知其子需支付 90 元（非客户反映的 93 元）。安装完毕现场收资后，客户经理收取客户儿子 90 元费用。

违规条款

违反《国家电网有限公司员工服务"十个不准"（修订版）》第十条："不准利用岗位与工作便利侵害客户利益、为个人及亲友谋取不正当利益。"

暴露问题

（1）管理机制缺失，对员工的服务行为监督不力，客户经理私自收取费用，给供电企业公平、公信的形象造成不良影响。

（2）客户经理红线意识淡薄，工作责任心不强、规章制度执行不严，服务规范、工作标准、员工行为规范执行不到位。

考核处理

根据《国家电网有限公司供电服务质量事件与服务过错认定办法》《国家电网有限公司员工奖惩规定》《国网××省电力公司

供电服务"零容忍"考核实施意见》，对相关责任人做出以下考核处理：

（1）对主要责任人某供电所客户经理经济处罚 3000 元，待岗一年。

（2）对次要责任人某供电所副所长经济处罚 2000 元，通报批评，取消年度评先晋升资格。

（3）对责任班组负责人某供电所所长经济处罚 2000 元，通报批评，取消班组年度评先资格。

（4）对责任部门分管负责人经济处罚 1000 元，通报批评，取消部门年度评先资格。

（5）对责任部门负责人经济处罚 1000 元，通报批评。

（6）对责任单位分管负责人经济处罚 1000 元，通报批评。

🎯 规避投诉要点

（1）开展乱收费问题排查，加大明察暗访力度，提前防控投诉的发生。

（2）加强工作人员职业道德培训，加大外部监督和内部管控，避免发生违规收费。

第二节　优质服务案例

案例一　政企业务融合，提供"三省"服务

案例提要

重要客户申请受电工程设计图纸审核。

案例分类

业扩报装

服务过程

某三级甲等医院在政务服务大厅，申请设计审查。政务服务大厅工作人员告知客户，可通过工程建设项目审批管理系统进行客户受电工程设计图纸审核。在工作人员的引导下，客户在网上顺利提交了审查资料，成功发起了"设计审查"。客户称赞道："今天将图纸提交至这个系统后，我们公司就不需要出一大堆纸质图了，节约我们企业的成本。今后坐在办公室就可以网上办理，实在是太方便了！"

取得效果

供电公司联合政府优化工程建设项目审批管理系统功能，实现了工程建设单位在审批系统中发起"设计审查"环节。客户通过工程建设项目审批管理系统上传受电工程设计图纸电子版，系统自动推送至供电公司进行审查，供电公司在线反馈审查结果的功能。改变了客户图纸设计审查的报送模式，由"线下人工跑"转换为"线上数据跑"。

案例点评

供电公司本着持续提升客户服务品质的原则，为高压客户用电报装提供省力、省时、省钱"三省"服务。主动对接政府优化政务服务办电场景应用，将办电业务中的用电申请、设计审核及竣工检验三个关键环节全部融入了郑州市工程建设项目审批管理系统。实现"获得电力"与"建筑许可"全程"互联网"联办，满足"一网通办"的政务要求，同时还改变了图纸的审查形式，由传统的纸质图纸变换为电子图纸，降低了客户成本，节约了客户办电时间。

案例二　优化行政审批，提供"三零"服务

案例提要

小微企业通过线上办电渠道申请用电增容。

案例分类

业扩报装

服务过程

某企业通过本地政务服务网进行低压增容预约。工作人员接到预约工单后立即联系客户经理，客户经理查询客户系统档案，根据客户申请需求领取电能表、表箱等施工物资。并于当日到客户现场进行现场服务，核对客户基础用电信息与系统档案一致，当场确定电源及施工方案，由于低压电力接入工程涉及规划路由、道路开挖免审批，因此当天就完成了路面开挖、回填及电能表、表箱的安装工作，当日完成送电。

取得效果

供电公司开展线上用电报装服务，用户可以在线提出用电需求，供电公司主动通过系统查询客户资料，委派专人上门进行现场服务，并在线签订电子合同，用户无需往返营业厅，用电报装"一次都不跑"。同时，供电公司联合政府有关部门优化审批服务，实现低压电力外部工程建设工程规划许可手续，挖掘城市道路许可手续均免于办理，压减整体电力接入时间。供电企业将投资界面延伸至小微企业红线，计量装置及以上工程由供电企业投资建设，减少客户办电成本。

案例点评

　　供电公司紧紧围绕"减少办电资料、压减办电环节、提高办电效率、降低办电成本"，精准对接客户需求，推进各项便民举措落地实施，为小微企业提供零上门、零审批、零投资"三零"服务，全面提升"获得电力"服务水平。

第五章
用电变更类案例

第一节　典型案例

案例一　私增办理条件，引发客户不满

事件经过

客户反映 2021 年 1 月 20 日通过供电营业厅，提交用电变更申请，办理低压居民用户"更名"业务。其表示提交手续齐全，当时工作人员已受理并表示过两天就给其处理。但过后又告知客户，需要原房主到营业厅确认，客户表示原房主已 70 多岁，不便去办理业务。

调查结果

客户反映情况属实。客户提供了用户编号、房产证与本人身份证，其资料齐全且符合业务办理条件。

违规条款

违反《国家电网有限公司员工服务"十个不准"（修订版）》第三条："不准无故拒绝或拖延客户用电申请，增加办理条件和环节。"

暴露问题

（1）营业厅工作人员对变更类业务收资内容不熟悉，未严格按照对外承诺的收资标准进行收资，私自增设办电门槛。

（2）营业厅工作人员未履行一次性告知义务，如客户办电资料确有问题，未在受理客户业务阶段即告知客户。

（3）优质服务意识不强，强制要求 70 多岁的老人到营业厅确认，存在刁难客户的行为。

考核处理

根据《国家电网有限公司供电服务质量事件与服务过错认定办法》《国家电网有限公司员工奖惩规定》《国网××省电力公司供电服务"零容忍"考核实施意见》，对相关责任人做出以下考核处理：

（1）对主要责任人某营业厅工作人员经济处罚3000元，待岗一年。

（2）对次要责任人某营业班副班长经济处罚2000元，通报批评，取消年度评先晋升资格。

（3）对责任班组负责人某营业班班长经济处罚2000元，通报批评，取消班组年度评先资格。

（4）对责任部门分管负责人经济处罚1000元，通报批评，取消部门年度评先资格。

（5）对责任部门负责人经济处罚1000元，通报批评。

（6）对责任单位分管负责人经济处罚1000元，通报批评。

规避投诉要点

（1）客户携带用电报装基础资料到营业厅申请办电时，应第一时间仔细核对客户提供的办电基础资料，如有异议应一次性告知客户。

（2）明确告知客户根据《供电营业规则》第二十九条"在用电地址、用电容量、用电类别不变条件下，可办理更名"。

（3）为老年客户群体办理用电业务，提供更加便利、人性化的办电条件。

案例二 手续不全就更名，违规办理惹投诉

事件经过

客户反映在其不知情的情况下，将客户名下的用电户进行更名，该用电账户上还有钱未退还给客户，客户表示不认可。

调查结果

客户反映情况属实。在客户不知情且账户尚有余额的情况下，未经客户委托或被允许，仅到营业厅提供营业执照和情况说明后，工作人员就为其办理了更名流程。

违规条款

（1）违反《国家电网有限公司员工服务"十个不准"（修订版）》第五条："不准擅自变更客户用电信息，对外泄漏客户个人信息及商业秘密。"

（2）违反《国家电网有限公司员工服务"十个不准"（修订版）》第十条："不准利用岗位与工作便利侵害客户利益，为个人及亲友谋取不正当利益。"

暴露问题

（1）营业厅工作人员对变更类业务收资内容不熟悉，未严格按照对外承诺的收资标准进行收资，在客户未提供齐全的业务办理资料的情况下，即为客户违规办理更名业务，易造成客户资产流失。

（2）营业厅工作人员责任心不足，业务执行不规范。

考核处理

根据《国家电网有限公司供电服务质量事件与服务过错认定

办法》《国家电网有限公司员工奖惩规定》《国网××省电力公司供电服务"零容忍"考核实施意见》，对相关责任人做出以下考核处理：

（1）对主要责任人营业厅工作人员经济处罚 3000 元，待岗一年。

（2）对次要责任人某营业班副班长经济处罚 2000 元，通报批评，取消年度评先晋升资格。

（3）对责任班组负责人某营业班班长经济处罚 2000 元，通报批评，取消班组年度评先资格。

（4）对责任部门分管负责人经济处罚 1000 元，通报批评，取消部门年度评先资格。

（5）对责任部门负责人经济处罚 1000 元，通报批评。

（6）对责任单位分管负责人经济处罚 1000 元，通报批评。

规避投诉要点

（1）严格按照对外承诺的报装资料进行收资，及时审核资料的有效性，确保业务合规办理。

（2）加强业务技能培训，提升营业厅工作人员责任心。

第二节　优质服务案例

案例一　政企数据贯通，客户"零证办电"

案例提要

客户来营业厅咨询办理变更户名所需的资料。

案例分类

用电变更

服务过程

某企业法人来营业厅咨询办理变更户名所需的资料。工作人员将办电流程向客户进行了详细的解释，并告知客户营业厅设立"零证办电综合查询平台"，客户办电不再需要提供纸质材料。随后，工作人员直接登录"数据服务查询平台"，依据客户提供信息，查询办电所需要的主体证明及产权证明，并直接打印。经客户确认，并帮助查询不欠费电费，受理业务完成。

取得效果

客户改变以往办电模式，无需提供纸质材料，全程仅需短短几分钟。减少了客户跑趟次数及提供材料数量，缩短了办电时间，减低客户交通、材料及时间成本，大大提升了客户办电体验感，赢得了客户赞誉。

案例点评

供电公司联合政府有关部门，充分发挥"互联网＋"办电服务优势，深化政企资源共享，优化"大数据"在办电场景的应用，切实降低了客户办电成本，实现了便民便企。

第六章
电能计量类案例

第一节 典型案例

案例一 换表流程不规范，张冠李戴惹人怨

事件经过

6月7日，95598接到客户王某来电投诉，客户王某称其怀疑供电公司供电部工作人员存在工作疏忽问题，在自己不知情的情况下，私自更换电能表，而且造成电量突增，投诉供电所工作人员工作不严谨。

调查结果

客户投诉情况属实。经查，供电部2021年3月份对客户王某所在小区进行了新版智能电能表集中更换，由于时间紧、工作任务重，工作人员并没有事先通知用户和进行公告，并且在更换电能表和处理营销系统换表流程中，误将王某对门的电能表安装在客户王某的户号下面，造成客户王某和对门的系统档案与现场不一致，致使更换电能表后，客户王某所缴电费实则为其对门的电量电费，造成客户王某电量突增。

违规条款

（1）违反《国家电网有限公司供电服务标准》6.14.5："低压客户电能表批量换装前，应至少提前3天在小区和单元张贴告知书，或在物业公司（居委会、村委会）备案，零散换装、故障换表可提前通知客户后换表；换装电能表前应对装在现场的原电能表进行底度拍照，换表后应请客户核对表计底度并签字确认，拆回的电能表应在表库至少存放1个抄表或电费结算周期。"

（2）违反《国家电网有限公司供电服务标准》7.2.2："熟知本

岗位的业务知识和相关技能，岗位操作规范、熟练，具有合格的专业技术水平。"

（3）违反《电能计量装置技术管理规程》7.6.3："电能计量装置投运前应进行全面验收，验收实验时要进行接线正确性检查。"

（4）违反《国家电网有限公司电费抄核收管理办法》第三十一条："定期开展抄表质量检查，新接电电力客户应在两个抄表周期内进行现场核对抄表，发现数据异常，立即处理。"

暴露问题

（1）工作人员责任心不强，本岗位的业务知识和相关技能不熟练，未能及时发现工作中的问题，未真正将服务规范、工作标准和员工行为规范落到实处，给公司造成了负面影响。

（2）工作人员服务意识淡薄，未能按照《国家电网有限公司供电服务标准》规范自己的服务行为。

考核处理

根据《国家电网有限公司供电服务质量事件与服务过错认定办法》和《国家电网有限公司员工奖惩规定》，对相关责任人做出以下考核处理：

（1）对主要责任人某供电所客户经理经济处罚 3000 元，通报批评。

（2）对责任班组负责人某供电所所长经济处罚 2000 元，通报批评。

（3）对责任部门分管负责人营销部副主任经济处罚 1000 元，通报批评。

规避投诉要点

（1）严格执行换表相关规定，培养员工高度的责任心和提升员工业务技能，做好计量管理工作。换表前履行客户告知义务，换表时及时进行表计确认，并进行客户签字后留档，规避该类投诉。

（2）加强客户信息变更后档案信息及时更新和维护，并做好客户联系跟踪，以确保客户能及时接收供用电服务相关信息。

（3）对更换后的新表开展现场核抄工作，对电量波动大的客户，利用用电信息采集系统密切关注客户用电负荷波动情况，发现问题及时现场核实，建立完善的管控机制，进行不定期抽查，并建立考核机制。

案例二 装表接电不熟练，错误接线惹麻烦

事件经过

11月30日，某市客户反映，当日被供电公司因表计线路接错导致表计反向走字，认定存在窃电行为，对处罚责任划分及窃电处理流程不认可。首次工单回复：因工作人员接线错误导致反向走字，需进行反向计量的电费追补，并非认定为客户窃电，但客户对追补电费不认可。12月10日，客户再次拨打12398反映，11月30日收到供电所给其公司下发的追补电量和停电的通知，对需补缴电费及不交费便停电表示不认可。

调查结果

客户反映情况属实。因工作人员接线错误导致反向走字，但确属客户生产用电所产生的电量。11月28日工作人员通知客户尽快结清追补电费并解释追补依据，但客户对追补电费不认可，11月30日又向客户提供了追补相关依据并下达停电通知单，已多次向客户解释收费依据，经核实，客户已在11月30日19点左右结清电费，因未及时告知客户，引发12398投诉。

违规条款

（1）违反《国家电网有限公司供电服务标准》7.1.2："真心实意为客户着想，尽量满足客户的合理用电诉求。对客户的咨询等诉求不推诿、不拒绝、不搪塞，及时、耐心、准确地给予解答。用心为客户服务，主动提供更省心、更省时、更省钱的解决方案。"

（2）违反《国家电网有限公司供电服务标准》7.2.2："熟知本岗位的业务知识和相关技能，岗位操作规范、熟练，具有合格的专业技术水平。"

（3）违反《电能计量装置技术管理规程》7.6.3："电能计量装置投运前应进行全面验收，验收试验时要进行接线正确性检查。"

暴露问题

（1）工作人员责任心不强，对本岗位的业务知识和相关技能不熟悉，未能及时发现电能表接错线的问题。

（2）工作人员服务态度差，未能从客户角度出发，真心实意为客户着想，造成客户投诉。

考核处理

根据《国家电网有限公司供电服务质量事件与服务过错认定办法》和《国家电网有限公司员工奖惩规定》，对相关责任人做出以下考核处理：

（1）对主要责任人某装表接电班经济处罚 2000 元，通报批评。

（2）对责任班组负责人经济处罚 1000 元，通报批评。

（3）对次要责任人某供电部主任经济处罚 1000 元，通报批评。

规避投诉要点

（1）装表接电工作人员应加强对本岗位的业务知识和相关技能培训，确保计量装置安全稳定运行，确保电量准确可靠计量，是提高计量专业优质服务工作的基础。

（2）增强工作人员规范服务意识，加大对工作人员沟通技巧方面的培训，提高员工的优质服务意识，热情、耐心、准确地做好客户电力服务工作。

（3）从客户角度出发，真心实意为客户着想，将"人民电业为人民"落到实处。

案例三　电子渠道漏工单，校表超时引不满

事件经过

2月5日，某市客户投诉，1月17日，通过网上国网提交验表申请单，至今无人与其联系，已超出规定时限。

调查结果

客户反映情况属实。由于工作人员工作失误在系统筛查过程中出现纰漏，未及时查到客户的校验电能表业务，造成验表超时限，现工单已处理，预计于02月09日处理完毕，经再次核实，问题已处理完毕。

违规条款

（1）违反《国家电网有限公司供电服务标准》5.3.7.1："电子渠道应24小时受理客户需求，如需人工确认的，故障报修类需求，电子客服专员在3分钟内与客户确认；其他需求在1小时内与客户确认；不能立即办结的，通过派发工单至责任单位处理。"

（2）违反《国家电网有限公司供电服务标准》7.2.2："熟知本岗位的业务知识和相关技能，岗位操作规范、熟练，具有合格的专业技术水平。"

（3）违反《国家电网有限公司供电服务"十项承诺"（修订版）》第七条："受理客户计费电能表校验申请后，5个工作日内出具检测结果。客户提出电能表数据异常后，5个工作日内核实并答复。"

暴露问题

（1）工作人员责任心不强，工作中疏忽大意，致使在系统筛查过程中出现纰漏，造成客户验表申请超时限，给客户造成了不

良服务体验，给公司优质服务造成了负面影响。

（2）电子客服专员应经岗前培训合格方能上岗，工作人员对本岗位的业务知识和相关技能仍需培训提高。

（3）电子渠道受理的工单，在处理过程监督管理不到位，未能及时发现工作中的纰漏，未能对客户反映的问题做到及时、有效、准确地解决。

⚙ 考核处理

根据《国家电网有限公司供电服务质量事件与服务过错认定办法》和《国家电网有限公司员工奖惩规定》，对相关责任人做出以下考核处理：

（1）对主要责任人该供电公司某供电所营业厅工作人员经济处罚3000元。

（2）对该供电公司某供电所所长经济处罚2000元。

（3）对该供电公司经理经济处罚1000元。

（4）对该供电公司书记经济处罚1000元。

🎯 规避投诉要点

（1）电子客户专员应严格按照《国家电网有限公司供电服务标准》规定，落实电子渠道的服务标准要求。

（2）严格落实《国家电网有限公司供电服务"十项承诺"（修订版）》要求。受理客户计费电能表校验申请后，5个工作日内出具检测结果。客户提出电能表数据异常后，5个工作日内核实并答复。

案例四 装表接电乱收费，投诉退费反遭罪

事件经过

95598 接到客户冯某来电投诉，某供电公司给安装电能表后，收取电能表安装费用 300 元。强行更换表下线且收费高于市价。客户认为收费不合理，进而引发投诉事件。

调查结果

客户反映情况属实。2021 年 5 月供电所开展更换智能电能表，换表时工作人员向客户收取 300 元施工费；同时又强行给该客户更换表下线，客户询问更换下线理由时，工作人员答复，不换线就不给送电，并且更换下线的收费高于市价。客户冯某认为存在消费欺骗行为，表示不满，进而引发投诉事件。目前，已将收取费用退还客户，并按规定对责任人严肃处理。

🛡 违规条款

（1）违反《国家电网有限公司员工服务"十个不准"（修订版）》第二条"不准违反政府部门批准的收费项目和标准向客户收费。"

（2）违反《国家电网有限公司员工服务"十个不准"（修订版)》第十条"不准利用岗位与工作便利侵害客户利益、为个人及亲友谋取不正当利益。"

（3）违反《国家电网有限公司供电服务标准》6.1.5.2"严格执行政府部门批准的收费项目和标准，严禁利用各种方式和手段变相扩大收费范围或提高收费标准。"

👥 暴露问题

（1）工作人员服务意识淡薄，对《国家电网有限公司员工服

务"十个不准"（修订版）》的要求置若罔闻，碰触优质服务工作红线，违反国家规定标准收取费用，给供电企业公平、公信的形象造成不良影响。

（2）换表乱收费等违规收费问题在基层工作中时常发生，暴露出供电部管理存在疏漏，对工作人员服务行为监督不力，未及时发现工作人员在日常工作中的违规情况。

⚙ 考核处理

根据《国家电网有限公司供电服务质量事件与服务过错认定办法》《国家电网有限公司员工奖惩规定》《国网××省电力公司供电服务"零容忍"考核实施意见》，对相关责任人做出以下考核处理：

（1）对主要责任人某装表接电班经济处罚 3000 元，待岗一年。

（2）对次要责任人某装表接电班经济处罚 2000 元，通报批评，取消年度评选晋升资格。

（3）对责任班组装表接电班班长经济处罚 2000 元，通报批评，取消班组年度评先资格。

（4）对责任部门分管负责人营销部副主任经济处罚 2000 元，通报批评，取消部门年度评先资格。

（5）对责任部门负责人营销部主任经济处罚 2000 元，通报批评。

（6）对责任单位分管负责人营销副总经理经济处罚 1000 元，通报批评。

（7）对责任单位主要负责人总经理经济处罚 1000 元，通报批评。

🎯 规避投诉要点

（1）增强工作人员规范服务意识，加大对《国家电网有限公司员工服务"十个不准"（修订版）》的宣贯力度，从客户角度出发，真心实意为客户着想，切实提高优质服务工作水平。

（2）开展换表乱收费问题排查，加大明察暗访力度，发现问题及时处理，对工作中违反国家规定标准收取费用，给供电企业公平、公信的形象造成不良影响的行为，发现一起查处一起。

案例五　计量装置存隐患，置若罔闻终遇难

事件经过

客户李某来电反映，供电所的工作人员范某在给某村镇街道附近的住户更换电能表后未及时给电能表箱上锁且当时已发现表箱明显陈旧破损，存在较大的安全隐患。工作人员对客户反映情况置若罔闻，推诿、怠慢处理不及时，结果事后遭遇恶劣天气，导致表计烧毁停电，给客户造成损失，引起客户严重不满，致使投诉。

调查结果

经调查客户投诉情况属实。7月3日，工作人员范某在给客户李某更换完家中电能表后，忘记上锁便离开现场。李某致电范某，告知其未给电能表箱上锁，非常的不安全，并且同时反映表箱陈旧破损，存在较大的安全隐患，希望能得到重视并及时更换，范某回复因为现在工作繁忙，无暇顾及，等工作不忙时前来处理。7月8日和7月12日李某又两次致电范某希望尽快处理解决。此时范某以"目前供电所无表箱，等表箱到货后再更换"等理由继续推诿、搪塞客户。直至事发7月19日，该县遭遇大风暴雨恶劣天气，导致表箱漏水严重，从而引发烧表、跳闸停电，给客户造成损失，引发客户不满投诉。

违规条款

（1）违反《国家电网有限公司员工服务行为"十个不准"（修订版）》第六条："不准漠视客户合理用电诉求，推诿、搪塞、怠慢客户。"

（2）违反《国家电网有限公司供电服务标准》7.1.2："真心实

意为客户着想，尽量满足客户的合理用电诉求。对客户的咨询等诉求不推诿、不拒绝、不搪塞，及时、耐心、准确地给予解答。用心为客户服务，主动提供更省心、更省时、更省钱的解决方案。"

（3）违反《国家电网有限公司计量工作管理规定》第二十二条："计量器具安装与运行管理：（一）各级供电企业应加强计量装置设计审查、中间检查、竣工验收等环节管理，依据国家标准、行业标准和公司相关管理制度，加强对计量器具配置、型式、准确度等级及计量装置安装环境与警示标识装设等方面审查、验收，保证计量器具设计、验收满足规程要求，杜绝配置不合格、检定（检测）不合格或有安全隐患的计量装置投运。"

🔍 暴露问题

（1）工作人员责任心、服务意识不强，漠视客户合理用电诉求，推诿、搪塞、怠慢客户，没有真心实意为客户着想，满足客户的合理用电诉求。

（2）工作中疏忽大意，安全意识淡薄，在客户多次反映表箱问题后，对计量装置安全运行隐患仍然置若罔闻，未采取有效措施处理安全隐患，最终导致设备在恶劣天气时烧毁，给客户造成停电。

⚙️ 考核处理

根据《国家电网有限公司供电服务质量事件与服务过错认定办法》和《国家电网有限公司员工奖惩规定》，对相关责任人做出以下考核处理：

（1）对主要责任人某供电所工作人员范某经济处罚 3000 元，通报批评。

（2）对次要责任人某供电所所长经济处罚 2000 元，通报批评。

（3）对责任部门分管负责人营销部副主任经济处罚 1000 元，

通报批评。

规避投诉要点

（1）增强工作人员服务规范意识，严格落实《国家电网有限公司供电服务标准》要求，及时解决客户合理诉求，并在规定时限内联系、答复客户。

（2）计量器具安装过程中，应严格排查计量装置安全运行隐患，对影响客户安全用电的风险，应及时予以消除，避免因设备原因造成对客户的停电事件，继而引发客户投诉。

案例六 装表接电超时限，流程造假还怠慢

事件经过

6月17日，某小区客户王某投诉，6月02日在供电公司办理用电手续后，至今仍没有装表。期间多次与公司装表班工作人员联系，工作人员答复说没有电能表，还以各种理由推脱。经过了半个月客户还没有用上电，客户对工人人员态度十分不满，并投诉至95598。

调查结果

客户反映情况属实。6月2日王某在供电公司营业厅办理用电手续后，营业厅工作人员告诉客户会有装表人员与其联系。装表接电业务流程流转至计量人员处，由于装表接电班班长刘某正在外地出差，想等出差回去之后再为客户办理接电手续，安排班组人员将营销流程推送完毕，但现场并未安装电能表，又以各种理由推脱、敷衍客户，引发客户不满，造成投诉。

违规条款

（1）违反《国家电网有限公司供电服务"十项承诺"（修订版)》第六条"获得电力快捷高效。低压客户平均接电时间：居民客户5个工作日，非居民客户15个工作日。高压客户供电方案答复期限：单电源供电10个工作日，双电源供电20个工作日，高压客户装表接电期限：受电工程检验合格并办结相关手续后3个工作日。"

（2）违反《国家电网有限公司员工服务行为"十个不准"（修订版)》第六条："不准漠视客户合理用电诉求，推诿、搪塞、怠慢客户。"

（3）违反《国家电网有限公司供电服务标准》6.1.5.8"竣工检验和装表接电期限：低压客户不超过 2 个工作日；高压客户不超过 6 个工作日；对于有特殊要求的客户，按照与客户约定的时间装表接电。"

（4）违反《国家电网有限公司供电服务标准》6.1.5.9"全过程办电最长时间：低压居民客户不超过 3 个工作日。"

（5）违反《国家电网有限公司供电服务标准》7.1.2："真心实意为客户着想，尽量满足客户的合理用电诉求。对客户的咨询等诉求不推诿、不拒绝、不搪塞，及时、耐心、准确地给予解答。"

（6）违反《国家电网有限公司计量工作管理规定》第二十二条："计量器具安装与运行管理：各级供电企业在计量器具安装过程中，应严格执行公司工作流程、施工标准和服务要求，有效防范现场作业风险，确保现场作业质量和安全，不断提升计量优质服务水平和客户满意度。"

暴露问题

（1）工作人员服务意识淡薄，漠视客户合理用电诉求，推诿、搪塞、怠慢客户。

（2）工作人员业务水平低，对《国家电网有限公司供电服务"十项承诺"（修订版)》和《国家电网有限公司供电服务标准》等工作要求不了解，对装表接电时限要求不清楚。工作没有标准，营销业务流程造假。

考核处理

根据《国家电网有限公司供电服务质量事件与服务过错认定办法》和《国家电网有限公司员工奖惩规定》，对相关责任人做出以下考核处理：

（1）对主要责任人台区客户经理经济处罚 3000 元，通报批评。

（2）对次要责任人某供电部主任经济处罚 2000 元，通报批评。

🎯 规避投诉要点

（1）业扩各环节应严格遵守《国家电网有限公司供电服务"十项承诺"（修订版）》和《国家电网有限公司供电服务标准》等要求，尤其是对时限的要求，增加客户获得电力的便捷度，提升客户用电体验。

（2）增强工作人员规范服务意识，加大对工作人员沟通技巧方面的培训，提高员工的优质服务意识，热情、耐心、准确地做好客户电力服务工作。

（3）加强工作人员业务知识和岗位技能的培训，明晰岗位职责和工作要求，严格工作标准，同时建立完善的管控机制，加强装表接电全过程的规范化和标准化管理，加大监督、考核力度。

案例七 表面破财把事平，实则怀怨设陷阱

事件经过

3月12日，95598接到客户张某来电反映，供电所的工作人员赵某违规对其停电，以电谋私，敲诈用户2000元。

调查结果

客户反映情况属实。某供电所用电检查工作人员赵某在反窃电检查时，发现张某用电有异常现象，赵某发现单相电能表的封印被非法开启，电压连片被拆除。当场认定客户张某有窃电嫌疑，在对客户停电后，电话联系客户张某。张某到达现场之后拿出2000元"私了"，供电所赵某收了客户2000元，同意私下解决。同时将表内电压连片连接上，重新打好接线盒封印，恢复供电。赵某离开后，用户张某拨打了"95598"进行投诉：称其未窃电，供电所用电检查人员胡作非为，要求退还2000元的费用。

违规条款

（1）违反《国家电网有限公司员工服务行为"十个不准"（修订版)》第一条："不准违规停电、无故拖延检修抢修和延迟送电。"

（2）违反《国家电网有限公司员工服务行为"十个不准"（修订版)》第九条："不准接受客户吃请和收受客户礼品、礼金、有价证券等。"

（3）违反《供电营业规则》第一百零二条："供电企业对查获的窃电者，应予制止并可当场中止供电。窃电者应按所窃电量补交电费，并承担补交电费三倍的违约使用电费。拒绝承担窃电责任的，供电企业应报请电力管理部门依法处理。窃电数额较大或情节严重的，供电企业应提请司法机关依法追究刑事责任。"

（4）违反《国家电网有限公司反窃电管理办法》第二十六条："窃电工作应落实'查处分离'要求，反窃电检查人员负责现场检查与取证，反窃电处理人员负责窃电处理。"

（5）违反《国家电网有限公司反窃电管理办法》第三十二条："反窃电现场检查时，检查人数不得少于两人。"

（6）违反《国家电网有限公司反窃电管理办法》第三十七条："各单位对查获的窃电行为，应予制止并可当场中止供电，中止供电时应符合下列要求：（一）应事先通知客户，不影响社会公共利益或者社会公共安全，不影响其他客户正常用电。（二）对于高危及重要电力客户、重点工程的中止供电，应报本单位负责人及当地电力管理部门批准。"

暴露问题

（1）工作人员责任心、服务意识淡薄，违规停电、以电谋私。

（2）供电公司对反窃电检查人员工作缺乏有效的监督环节，窃电检查处理环节不按《国家电网公司反窃电管理办法》标准进行，未能及时发现和制止工作人员的违规行为。

考核处理

根据《国家电网有限公司供电服务质量事件与服务过错认定办法》《国家电网有限公司员工奖惩规定》《国网××省电力公司供电服务"零容忍"考核实施意见》，对相关责任人做出以下考核处理：

（1）对主要责任人赵经济处罚 3000 元，待岗一年。

（2）对次要责任人某供电所副所长经济处罚 2000 元，通报批评，取消年度评选晋升资格。

（3）对责任班组负责人某供电所所长经济处罚 2000 元，通报批评，取消班组年度评先资格。

（4）对责任部门分管负责人营销部副主任经济处罚 2000 元，

通报批评，取消部门年度评先资格。

（5）对责任部门负责人营销部主任经济处罚 2000 元，通报批评。

（6）对责任单位分管负责人副总经理经济处罚 1000 元，通报批评。

（7）对责任单位主要负责人总经理经济处罚 1000 元，通报批评。

规避投诉要点

（1）增强工作人员服务规范意识，规范服务行为，严格落实《国家电网有限公司员工服务行为"十个不准"（修订版）》要求。

（2）加强用电检查人员业务培训，到客户现场反窃电检查工作，要严格执行《国家电网公司反窃电管理办法》中检查程序要求。

案例八 故障换表不规范，电量异常惹麻烦

事件经过

7月21日，95598接到客户刘某来电投诉反映，供电所工作人员在未通知客户的情况下，擅自给其更换电能表，导致电费突增，客户认为供电所的行为存在违规行为，对这样擅自更换电能表的情况表示非常不满，进而引发投诉。

调查结果

客户反映情况属实。5月26日，客户刘某电能表采集通信故障，导致台区线损异常，工作人员在客户现场处理采集通信故障时，在未通知客户刘某的情况下擅自给客户更换了电能表且录入系统时将电能表底数录入错误，故导致客户刘某电费突增。现已退还客户本月多缴电费，并向客户解释并道歉。

违规条款

（1）违反《国家电网有限公司供电服务标准》6.14.5："低压客户电能表批量换装前，应至少提前3天在小区和单元张贴告知书，或在物业公司（居委会、村委会）备案，零散换装、故障换表可提前通知客户后换表；换装电能表前应对装在现场的原电能表进行底度拍照，换表后应请客户核对表计底度并签字确认，拆回的电能表应在表库至少存放1个抄表或电费结算周期。"

（2）违反《国家电网有限公司供电服务标准》7.2.2："熟知本岗位的业务知识和相关技能，岗位操作规范、熟练，具有合格的专业技术水平。"

暴露问题

（1）工作人员工作态度不认真，业务不精，未真正使服务规

范、工作标准和员工行为规范落到实处，缺乏应有的责任心，给公司造成了负面影响。

（2）工作流程中缺乏有效的监督环节，对员工业务工作监督不力，未能及时发现处理营销系统流程时将电能表底数录入错误行为。

⚙ 考核处理

根据《国家电网有限公司供电服务质量事件与服务过错认定办法》《国家电网有限公司员工奖惩规定》，对相关责任人做出以下考核处理：

（1）对主要责任人装表接电班经济处罚 1000 元，通报批评。

（2）对次要责任人装表接电班班长经济处罚 1000 元，通报批评。

🎯 规避投诉要点

（1）业扩各环节应严格遵守《国家电网有限公司供电服务"十项承诺"（修订版）》《国家电网有限公司供电服务标准》等要求，增加客户获得电力的便捷度，提升客户用电体验。

（2）严格执行换表相关规定，培养员工高度的责任心和工作中的自觉规范意识，做好计量管理工作，换表前履行客户告知义务，更换电能表时及时进行表计合格的确认，并进行客户签字后留档，规避该类投诉。

（3）加强客户变更后档案信息的及时更新和维护，并做好客户联系跟踪，以确保客户能及时接收供用电服务相关信息。应建立完善的管控机制进行不定期抽查，并建立考核机制。

（4）加强工作人员业务知识和岗位技能的培训，明晰岗位职责和工作要求，严格工作标准。同时建立完善的管控机制，加强装表接电全过程的规范化和标准化管理，加大监督、考核力度。

案例九　电表数据有差错，答复超时违承诺

事件经过

9月12日，95598接到客户薛某来电反映，发现他家电量电费有异常，6月份曾向供电公司报装用电，8月份发现电量异常，随即向95598反响，但迟迟未得到解决。9月11日，再次联系台区客服经理，工作人员不仅没有回复异常原因，而且态度不好，引发客户不满，随即投诉至95598。

调查结果

客户反映情况属实。8月21日，供电公司接到客户反映电量差错，需要现场核查的工单。台区客服经理冯某由于疏忽大意，忘记在营销系统以及用电信息采集系统核实电量电费情况，也并没有现场核查，只是简单回复了工单。直到再次收到核查数据的要求后，才进行了现场核实。由于7月份用电信息采集系统电能表"飞走"，造成结算电量错误。目前已经更换了故障电能表，对客户进行了电量退补流程，客户认为工作人员服务态度消极，业务不专业，进而引发投诉事件。

违规条款

（1）违反《国家电网有限公司供电服务"十项承诺"（修订版）》第七条："电能表异常快速响应。受理客户计费电能表校验申请后，5个工作日内出具检测结果。客户提出电能表数据异常后，5个工作日内核实并答复。"

（2）违反《国家电网有限公司供电服务标准》7.1.2："真心实意为客户着想，尽量满足客户的合理用电诉求。对客户的咨询等诉求不推诿、不拒绝、不搪塞，及时、耐心、准确地给予解答。用

心为客户服务，主动提供更省心、更省时、更省钱的解决方案。"

（3）违反《国家电网有限公司供电服务标准》7.2.2："熟知本岗位的业务知识和相关技能，岗位操作规范、熟练，具有合格的专业技术水平。"

（4）违反《国家电网有限公司电费抄核收管理办法》第三十一条："定期开展抄表质量检查：新接电力客户应在两个抄表周期内进行现场核对抄表，发现数据异常，立即处理。"

暴露问题

（1）工作人员责任心不强、服务意识淡薄，客户提出电能表数据异常后，应5个工作日内核实并答复，工作人员未及时纠正错误、怠慢客户，引发投诉。

（2）电能表电量数据质量检查工作存在薄弱环节，对实行远程自动采集抄表方式的电力客户，应定期安排现场核抄。

考核处理

根据《国家电网有限公司供电服务质量事件与服务过错认定办法》和《国家电网有限公司员工奖惩规定》，对相关责任人做出以下考核处理：

（1）对主要责任人台区客服经理冯某经济处罚2000元，通报批评。

（2）对责任部门分管负责人营销部副主任经济处罚1000元，通报批评。

规避投诉要点

（1）增强工作人员服务规范意识，规范服务行为，工作中严格落实《国家电网有限公司供电服务"十项承诺"（修订版）》要求。

（2）加强工作人员业务培训，发现电费计算有异常，应立即查找原因，发现表计损坏、停走、倒走、飞走、采集示数与现场不符等异常情况，使用现场作业终端录入异常现象，并进行相应处理，规避投诉风险。

（3）严格电能表电量、电费核算管理，确保电量电费核算的各类数据及参数的完整性、准确性，特别是针对电价调整、电力客户计量装置新装、更换、业务变更等可能影响电量电费的环节，要不断完善营销系统及市场化系统软件的智能提示功能，提高人工智能对异常判断的准确性。

第二节　优质服务案例

案例一　顶风冒雪排故障，优质服务赢赞扬

案例摘要

接到客户用电故障保修后，抢修人员立即到达现场，不顾风雪严寒，急客户之所急，为客户安全用电保驾护航。

案例分类

计量管理类

服务过程

客户郝经理是某市五一路的一个做广告设计个体商户，2021年12月26日晚上九点多，客户正在门市加班加点的制作宣传单，不知什么原因突然停电了，飞速旋转的机器也停了下来。客户郝经理来到门外，看到漫天的白雪和灯火通明的隔壁门市，唯独自家的门市停电了。由于第二天还要将宣传单交货，离交工的期限只剩下这一晚。

客户随即拨打了供电部抢修服务电话。没想到一会儿的工夫供电部装表接电班工作人员李某骑着电动车冒着雪赶了过来。简单的了解了情况后，李师傅就开始了排查。手电筒、检查仪、螺丝刀、开关等工具李师傅也是准备得很齐全，通过快速的检查确定了门市内的线路没有故障，剩下的就是比较困难的室外线路了，因为外面天气寒冷、风雪交加，表计安装位置较高，所以检查处理需要克服重重困难。李师傅二话不说就搬着凳子、扛着工具包绕到了门市后墙上开始了检查。经过几分钟就确定了问题的"症结"，由于长期高负荷运转，再加上近期雨雪天气导致表后开关烧

坏，李师傅提前带了一个备用的开关，随即进行了更换。

室外检修近半个小时，期间客户郝经理一直要求李师傅先休息一下，进门市喝口水暖和暖和，但可能考虑到客户还要赶工期，就一直没有停止检修，直到门市的照明重新亮起。看到机器又重新运转，李师傅心里的石头也落了地。看到身上覆满白雪、手冻得通红的李师傅，客户很是感动，感激之情溢于言表，随即拿出两百元钱，用来支付检查维修的费用，但是李师傅拒绝了。

最后，客户如期交付了客户的订单，避免了一场损失。客户郝经理为了表示对供电部抢修人员的感谢，还专门为李师傅送来了感谢信。

案例点评

计量工作是供电企业与客户之间的纽带，既要保证电能计量装置准确可靠运行、确保电量颗粒归仓，又要致力于客户安全用户。该公司供电部李师傅以高度的工作责任心、精湛的电能计量专业技能，真正让优质服务工作像春天的空气一样沁人心脾。

案例二　查计量装置故障，为客户出谋划策

案例摘要

某市计量中心工作人员，应客户请求，帮助客户分析内部计量差错，为客户提供计量装置进行技术改造建议，排除设备安全隐患，确保客户安全生产稳定局面。

案例分类

计量管理类

服务过程

2021年7月，某供电公司一客户内部考核用计量装置出现了问题，总表与分表电量有较大出入，请求计量中心工作人员帮助现场校验一下。对于客户内部的考核用电能表，不属于公司的服务范围，但是想到由于电量考核的差错，将会影响到客户内部成本考核的准确，进而影响到客户的经济效益，同时又觉着既然客户有求于咱，也是对我们的信任，于是，计量中心的工作人员就答应了客户的请求，在客户的配电室经过仔细检查，发现有一只电能表存在着接线错误的现象，且计量装置接线混乱、二次回路导线及端子排老化严重，电表也是很早以前就淘汰的机械表，由于常年的运行维护工作缺失，致使计量装置存在严重的问题，也为客户的生产经营埋下了安全隐患。

计量中心的工作人员将问题向客户提了出来，建议客户对现有的计量装置进行改造，但客户并未给予认可，客户认为如果进行改造还需要花费资金，为了让客户认识到问题的严重性和改造工作的紧迫性，工作人员耐心的向客户解释出现考核电量差错的根源，并根据其生产性质和负荷状况，不厌其烦地给客户分析，

计量装置故障导致停电会对他们生产经营造成更大的影响。

　　后来，该客户听从了计量中心的工作人员的建议，对其内部考核计量装置进行了彻底改造。最终，尝到"甜头"的客户也真诚地打来了感谢电话。正是因为一次次用心的服务，才赢得了客户的称赞和信赖！

案例点评

　　计量管理工作涉及到千家万户、每一个公司（企业）的切身利益，必须精益求精，确保准确可靠。维护全社会公正、公平的计量，也是每一个计量人员的责任。

第七章
抢修服务类案例

第一节　典型案例

案例一　故障抢修超时限，工单造假遭投诉

事件经过

12月29日，某市客户拨打95598报修，一户无电。工单回复：停电原因属客户产权故障。1小时25分钟后，客户再次来电，投诉报修后一直没有工作人员到达现场，存在超出承诺时限的情况。

调查结果

客户反映情况属实。因当天雨雪天气道路湿滑，当地抢修任务多，工作人员电话联系客户后，先期回复工单"停电原因属客户产权故障"。人员未能及时赶到现场，引发投诉，现已为客户更换表箱内空气开关，解决客户问题。

违规条款

（1）违反《国家电网有限公司供电服务标准》6.2.5.1："供电抢修处理人员到达现场的时间一般为：城区范围45分钟，农村地区90分钟，特殊边远地区2小时。若因特殊恶劣天气或交通堵塞等客观因素无法按规定时限到达现场的，供电抢修处理人员应在规定时限内与客户联系、说明情况并预约到达现场时间，经客户同意后按预约时间到达现场。"

（2）违反《国家电网有限公司供电服务标准》7.1.2："真心实意为客户着想，尽量满足客户的合理用电诉求。对客户的咨询等诉求不推诿、不拒绝、不搪塞，及时、耐心、准确地给予解答。"

暴露问题

（1）供电抢修处理人员责任心不强，服务意识淡薄，因特殊恶劣天气或交通堵塞等客观因素无法按规定时限到达现场，没有及时和客户沟通。

（2）工作人员服务行为不规范，故障抢修工作管理规定没有落实，工单回复造假，工作流程缺乏有效的监督。

考核处理

根据《国家电网有限公司供电服务质量事件与服务过错认定办法》和《国家电网有限公司员工奖惩规定》，对相关责任人做出以下考核处理：

（1）对主要责任人供电公司某区抢修值班员经济处罚3000元，通报批评。

（2）对次要责任人该区供电服务班班长经济处罚2000元，通报批评。

（3）对责任部门分管负责人营销部副主任经济处罚1000元，通报批评。

规避投诉要点

（1）提高抢修人员服务意识，提高沟通协调能力，及时解决客户诉求，避免投诉发生。

（2）加大对工作人员的培训教育，严格按照规范要求开展工作，及时解决客户合理诉求，并在规定时限内联系、答复客户。

（3）加强抢修高峰时段和特殊天气人员、车辆、物资的配置，做好抢修预案。

案例二　违规收取客户烟，引起不满惹投诉

事件经过

1月1日，某村客户王某拨打95598投诉，反映3天前，拨打当地供电所报修电话反映电压低的问题后，工作人员在为客户维修电路时，向客户索要两盒烟的违规行为。

调查结果

客户反映情况属实。客户报修后，供电所工作人员到客户处，现场检测，查明客户处低电压属客户内部线路导线细引起的，不属于供电公司维修范围，并对客户说："让他帮忙查一下室内故障，需要给他买两盒烟"，引发客户投诉。

违规条款

违反《国家电网有限公司员工服务"十个不准"（修订版）》第九条："不准接受客户吃请和收受客户礼品、礼金、有价证券等。"

暴露问题

该事件暴露出供电所廉洁风险教育不到位，对员工监督不力，未及时发现员工在日常工作中存在的违规情况，工作人员纪律观念不强，廉洁意识淡薄，存在违反公司规定，利用工作之便谋取不正当利益，接受客户宴请和礼金的现象，损害了供电公司形象。

考核处理

根据《国家电网有限公司供电服务质量事件与服务过错认定办法》和《国家电网有限公司员工奖惩规定》，供电公司对相关责任人做出以下考核处理：

（1）对主要责任人某供电所台区经理经济处罚 3000 元，通报批评。

（2）对次要责任人供电所客户服务员经济处罚 2000 元，通报批评。

（3）对班组责任人供电所所长经济处罚 1000 元，通报批评。

（4）对责任部门分管负责人营销部副主任经济处罚 1000 元，通报批评。

🎯 规避投诉要点

该事件暴露出供电所廉洁风险教育不到位，对员工监督不力，未及时发现员工在日常工作中存在的违规情况，供电公司应加强《国家电网有限公司员工奖惩规定》《国家电网有限公司供电服务"十个不准"（修订版）》《国家电网有限公司供电服务标准》《国网××省电力公司供电服务"零容忍"考核实施意见》等规章制度的宣贯落实，开展廉洁教育、岗位职责专项教育，消除工作中存在的服务风险，举一反三，杜绝此类问题再次发生。

案例三　抢修服务态度差，报修升级成投诉

事件经过

1月9日，某村客户拨打95598报修多户停电。工单回复：停电原因为客户家中线路老化，并非多户无电。4小时10分钟后，客户再次来电，投诉工作人员态度差的问题。

调查结果

客户反映情况属实。供电所工作人员排查故障时，误判断为客户内部故障线路老化，等客户再次确认没电的情况下才判定为低压线路分支故障停电，并对客户说"以后别打95598，有考核，有人回访时说内部故障"，客户感到工作人员对其有威胁，服务态度差，引起客户不满，导致升级投诉。

违规条款

（1）违反《国家电网有限公司员工服务"十个不准"（修订版）》第七条："不准阻塞客户投诉举报渠道。"

（2）违反《国家电网有限公司供电服务标准》2.7.2.3："严格执行供电服务相关工作规范和质量标准，保质保量完成本职工作，为客户提供专业、高效的供电服务。"

暴露问题

（1）供电所工作人员业务技能差，未认真排查停电原因及范围，故障抢修工作处理不彻底，服务不到位。

（2）客户再次咨询送电时间时，工作人员应告知停电原因为线路故障，目前已查明故障原因，正在全力抢修，和客户沟通时缺乏沟通技巧，言行过于随意，服务态度差，有威胁成分，引起

客户不良感知。

(3) 供电所规章制度执行不严,工单回复造假。

⚙ 考核处理

根据《国家电网有限公司供电服务质量事件与服务过错认定办法》和《国家电网有限公司员工奖惩规定》,供电公司对相关责任人做出以下考核处理:

(1) 对主要责任人某供电所台区经理经济处罚 3000 元,待岗三个月,通报批评。

(2) 对责任班组负责人某供电所所长经济处罚 2000 元,通报批评。

(3) 对责任部门分管负责人营销部副主任经济处罚 1000 元,通报批评。

(4) 对责任部门负责人营销部主任经济处罚 1000 元,通报批评。

(5) 对责任单位分管负责人经济处罚 1000 元,通报批评。

🎯 规避投诉要点

(1) 供电所应加强工作人员专业技能培训,提高业务技能水平,严格执行首问负责制,提升工作责任心,增强服务意识,掌握与客户沟通技巧,提升服务技能。

(2) 供电所服务监督管理不到位,规章制度执行不严,没有及时发现工作中出现的问题,工单回复造假未能按规定处理。

(3) 供电所工作人员现场服务时应配置多媒体记录设备,规范工作人员服务行为。

案例四　报修超时无结果，客户不满惹投诉

事件经过

1月19日，某市客户拨打95598电话投诉，该客户于1月18日拨打当地抢修人员电话报修一户电压不稳后，一直没有工作人员到达现场，存在超出承诺时限的情况。

调查结果

客户反映情况属实。客户报修后，供电所工作人员询问客户："家里有没有电"，客户说："有电，就是低压不稳定，忽高忽低"。供电所工作人员未按时限到达现场处理，也未主动联系客户。一天后，客户见无人维修，拨打95598投诉。供电所现已为客户处理故障，解决客户问题。

违规条款

（1）违反《国家电网有限公司员工服务"十个不准"（修订版)》第一条："不准违规停电，无故拖延检修抢修和延迟送电。"

（2）违反《国家电网有限公司员工服务"十个不准"（修订版)》第六条："不准漠视客户合理用电诉求，推诿、搪塞、怠慢客户。"

暴露问题

（1）供电所供电抢修工作未落实首问负责制，工作人员责任心不强，工作标准和员工行为规范落到实处。

（2）供电抢修人员漠视客户合理用电诉求，服务意识欠缺，没有做到真心实意为客户着想，急客户之所急，积极处理客户诉求，推诿、怠慢引发投诉。

⚙ 考核处理

根据《国家电网有限公司供电服务质量事件与服务过错认定办法》《国家电网有限公司员工奖惩规定》，供电公司对相关责任人做出以下考核处理：

(1) 对主要责任人当值抢修员经济处罚 3000 元，通报批评。

(2) 对责任班组负责人某供电所所长经济处罚 2000 元，通报批评。

(3) 对责任部门分管负责人营销部副主任经济处罚 1000 元，通报批评。

(4) 对责任部门负责人营销部主任经济处罚 1000 元，通报批评。

(5) 对责任单位分管负责人经济处罚 1000 元，通报批评。

🎯 规避投诉要点

(1) 供电所应对供电抢修加强日常管理，落实首问负责制，提高工作人员业务水平，提升工作责任心和服务意识。

(2) 完善抢修服务的监督机制，加强供电服务过程监督，明确相关考核制度，落实到位。

(3) 做好提升员工服务意识的培训工作，加强供电抢修业务时限的管理。

案例五 预约报修不兑现，事件升级被投诉

事件经过

1月25日下午，某镇客户拨打95598热线电话投诉，当天早上拨打当地供电所电话，报修单户停电后，一直没有工作人员到达现场，存在超出承诺时限的情况且客户表示多次拨打供电所电话，无人接听。

调查结果

客户反映情况属实。客户报修后，台区经理与客户约定下午到现场维修。台区经理按约定去维修时，未找到具体位置，也未记录客户电话，在未联系上客户的情况下就走了，当天下午客户三次拨打供电所电话，因值班人员外出补抄表计，另一名值班人员外出存电费，确实存在无人接听的情况，引发客户投诉。

违规条款

（1）违反《国家电网有限公司员工服务"十个不准"（修订版）》第一条："不准违规停电、无故拖延检修抢修和延迟送电。"

（2）违反《国家电网有限公司供电服务"十项承诺"（修订版）》第三条："快速抢修及时复电。提供24小时电力故障报修服务，供电抢修人员到达现场的平均时间一般为：城区范围45分钟，农村地区90分钟，特殊边远地区2小时。到达现场后恢复供电平均时间一般为：城区范围3小时，农村地区4小时。"

暴露问题

（1）供电所未严格执行"首问负责制"，台区经理工作责任心不强，按约定去维修时，在未联系上客户的情况下就走了，对客

户报修未妥善处理。暴露员工服务风险意识淡薄，业务素质不高，工作责任心不强，规章制度执行不到位。

（2）供电所值班管理混乱，规章制度执行不严，出现人员空岗现象。

⚙ 考核处理

根据《国家电网有限公司供电服务质量事件与服务过错认定办法》和《国家电网有限公司员工奖惩规定》，供电公司对相关责任人做出以下考核处理：

（1）对主要责任人某供电所台区经理经济处罚 3000 元，待岗三个月，通报批评。

（2）对次要责任人当值抢修员经济处罚 2000 元，通报批评。

（3）对责任班组负责人某供电所所长经济处罚 2000 元，通报批评。

（4）对责任部门负责人营销部主任经济处罚 1000 元。

（5）对责任单位分管负责人副总经理经济处罚 1000 元。

🎯 规避投诉要点

（1）供电所应当加强供电服务人员的主动服务意识，做好服务人员的业务技能培训，要严格执行首问负责制，提升工作责任心、服务意识和沟通技巧。

（2）加强人员值班管理，健全考勤制度，确保值班电话 24 小时畅通，杜绝出现无人值守现象。

（3）报修工作现场要保持和客户良好的沟通，和客户约时处理时，避免因处理不当，导致舆情的发生。

第二节　优质服务案例

案例一　突发故障停电急，平台联动成效快

案例提要

　　供电所在突发故障停电时，集约管控平台启动应急响应，多系统协同联动，及时高效，迅速恢复供电，确保舆情平稳，避免客户投诉。

案例分类

　　供电抢修

服务过程

　　8月15日12点10分，某供电所某区域突然停电，多个自然村居民用电受到影响。此时，供电所综合班集约监控平台突然显示10kV郎蔡线蔡东分支7个台区停电预警，涉及656户用电客户。

　　供电所出现较大面积停电，集约管控平台启动应急响应模块，停电信息自动推送到95598供电服务指挥系统，对7个停电台区进行关联，精准地对这7个停电台区656户用电客户发送短信告知："因供电线路故障导致本台区故障停电，供电公司已安排抢修人员开展紧急抢修复电工作，修复进展情况及预计修复时间，我们会及时更新。"同时集约监控平台对停电台区的台区经理"豫电助手"上推送停电信息，派发工单，台区经理接到工单后，迅速到停电现场做群众安抚工作，利用客户服务微信群及时更新抢修进度和抢修现场状况，预判送电时间。此时供电所所长也接到调度中心电话，核实停电信息，供电所立刻启动应急预案，派出值班抢修小组巡查线路开展故障排查，经巡查发现，此次故障是因天气持续高温，负荷剧增导致电缆接头受损造成分支线跳闸停电。供电所所长通过与调度中心积极协调，制定转供方案，很快恢复

了非故障点居民供电，减少了停电范围，安排带电作业车进行带
电抢修，缩短停电时间。50min 后，抢修工作顺利完毕，7 个台区
656 户用电客户全部恢复供电。在高温酷暑时节，这次 10kV 高压
线路故障停电，不仅没有造成舆情事件，客户拨打报修电话的明
显减少，还得到了客户的理解和抢修及时的赞赏。

取得效果

供电所在建设数字化供电所，深化集约监控平台应用方面，
整合各个系统功能，将停电预警、故障抢修、重要事件报备、停
电信息发布、客户经理派单等方面，多系统联动，协同配合，供
电所组织有力，圆满解决长时间、大面积停电事件，不但没有发
生负面舆情和投诉，还得到了群众认可和政府赞赏。

案例点评

供电所在突发停电事件来临时，集约监控平台及时预警，迅
速启动应急模块，供电所在发生故障时，有条不紊地按照预案内
容开展故障抢修。在故障抢修力量、物资材料、舆情控制、负荷
转供、协调机制等方面，应对有序，处置得当，及时进行负荷转
供，缩小了停电范围。在现场抢修人员力量不足时，及时调配带
电作业车和抢修人员、物资等，最大限度地缩短了障停电时间。

供电所及时报备，多渠道及时发布停电信息，台区经理到
停电小区向广大群众解释沟通，现场安抚，取得客户的理解，
不仅没有发生舆情事件，还得到了群众、政府的高度赞赏。

本次发生 10kV 线路故障，造成部分台区停电，涉及大量
客户无电，通过集约管控平台的综合指挥，多系统联动，多
岗位、多工种配合，圆满处理了这次停电事故，体现了供电
所过硬的业务素质和强大的危机处理能力，大幅提升客户服
务体验的满意度。

第八章
频繁停电类案例

第一节　典型案例

案例一　**低压故障引跳闸，频繁停电惹投诉**

事件经过

某供电公司某台区客户首次来电投诉频繁停电问题，多日后再次投诉近两个月内停电9次。

调查结果

经调查，客户反映情况属实。实际停电7次，其中1次低压故障因过负荷电缆中间接头烧坏导致，4次低压故障因线路跳闸导致，1次低压故障因过负荷连接线断线导致，1次因配电网改造计划停电。

违规条款

违反《国家电网有限公司供电服务标准》6.2.5.2："电网故障导致客户停电时，在故障点明确后20min内发布故障停电信息。客户查询故障抢修情况时，应告知客户当前抢修进度或抢修结果。"

暴露问题

（1）公用台区变压器、线路巡视维护、消缺、隐患排查治理均不到位，在发生故障后，仍未及时消除隐患，造成频繁停电。

（2）相关部门对频繁停电事件缺乏服务意识及工作敏感性，未及时采取处理措施，造成重复投诉事件发生。

考核处理

根据《国家电网有限公司供电服务质量事件与服务过错认定

办法》和《国家电网有限公司员工奖惩规定》，对相关责任人做出以下考核处理：

（1）对主要责任人经济处罚 3000 元，通报批评。

（2）对次要责任人经济处罚 2000 元，通报批评。

（3）对配电运检专业主管负责人经济处罚 2000 元，通报批评。

规避投诉要点

（1）对于频繁停电高发区域加强线路设备检修维护或优先列入改造计划，提高供电可靠性。

（2）做好计划停电前告知及宣传工作，故障停电时，客户经理要做好现场安抚工作，充分利用 95598 供电服务平台及时发布停电信息，对停电范围内的客户发送短信告知，客户经理利用客户服务微信群及时公布停电信息。

（3）加强线路台区设备巡视，对发现隐患及时消缺，提高供电可靠性。

案例二　管辖设备缺维护，频繁跳闸招投诉

事件经过

某供电公司辖区内供电台区一电力客户投诉近几天内每天都出现多次停电，所住单元楼频繁跳闸。

调查结果

经调查，客户反映情况属实。实际共5次停电，其中5次低压故障均因10月11日表箱内的剩余电流动作保护器频繁跳闸导致。供电公司存在设备维护不到位的问题，已进行更换剩余电流动作保护器处理。

违规条款

（1）违反《国家电网有限公司供电服务标准》6.2.1："供电企业受理客户对供电企业产权范围内的供电设施故障报修后，到达现场进行故障处理、恢复供电的服务。"

（2）违反《国家电网有限公司供电服务标准》7.2.4："主动了解客户用电服务需求，创新服务方式，丰富服务内涵，为客户提供更便捷、更透明、更温馨的服务，持续改善客户体验。"

暴露问题

（1）对供电企业产权范围内设备维护、消缺、隐患排查治理均不到位，设备主人制执行不到位，造成频繁停电。

（2）网格化服务宣传力度不够，出现停电后客户无法联系客户经理。

考核处理

根据《国家电网有限公司供电服务质量事件与服务过错认定

办法》和《国家电网有限公司员工奖惩规定》，对相关责任人做出以下考核处理：

（1）对主要责任人经济处罚 2000 元，通报批评。

（2）对次要责任人经济处罚 1000 元，通报批评。

规避投诉要点

（1）细化设备运维管理责任，严格落实设备主人制，将设备巡视管理具体到人，加强日常维护，强化考核管理。

（2）定期开展客户走访工作，及时了解客户需求，解决客户用电问题；建立供电服务微信群，主动响应客户诉求，动态发布供电信息。

（3）加强设备运维人员的主动服务意识，坚持以客户为中心的服务理念，提升服务水平，增强服务技能，保证检修质量。

案例三　计划不周停电多，招来客户投诉多

事件经过

某供电公司辖区内客户投诉该户居住地点近两月内，出现 8 次停电，影响居民正常生活。

调查结果

经调查，客户反映情况属实。实际共 12 次停电，11 次因配电网改造更换下户线施工导致，1 次客户家中保护器跳闸原因导致。已合理安排施工计划，及时录入停电信息，为客户更换剩余电流动作保护器，问题已解决。

违规条款

（1）违反《国家电网有限公司供电服务标准》4.5："供电设备计划检修：对 35 千伏及以上电压供电的客户，每年停电不应超过一次；对 10 千伏供电的客户，每年停电不应超过三次。"

（2）违反《国家电网有限公司供电服务标准》6.11.5.1："因供电设施计划检修需要停电的，提前 7 天通过公共媒体公告停电区域、停电线路、停电时间。"

（3）违反《国家电网有限公司供电服务标准》7.1.2："真心实意为客户着想，尽量满足客户的合理用电诉求。对客户的咨询等诉求不推诿、不拒绝、不搪塞，及时、耐心、准确地给予解答。用心为客户服务，主动提供更省心、更省时、更省钱的解决方案。"

暴露问题

（1）配电网改造施工停电随意，施工安排不合理，两个月内 11 次停电，严重影响了供电可靠性。

（2）相关单位、人员缺乏服务意识及风险防范意识，施工管理不到位，未进行停电次数管控，发生多次停电时未采取有效的补救措施。

⚙ 考核处理

根据《国家电网有限公司供电服务质量事件与服务过错认定办法》和《国家电网有限公司员工奖惩规定》，对相关责任人做出以下考核处理：

（1）对主要责任人施工人员经济处罚 2000 元，通报批评。

（2）对次要责任人施工队长经济处罚 1000 元，通报批评。

🎯 规避投诉要点

（1）持续抓频繁停电治理，治理要进一步下沉到 400V 客户，确保每个台区安全可靠供电，刚性执行停电计划。

（2）对台区工程施工方案优化整合，在确保配电网施工任务完成的情况下，统筹安排停电计划。

案例四 频繁停电烧电器，不予赔偿被投诉

事件经过

某供电公司辖区内客户反映频繁停电造成电器损坏未处理，意见工单升级至 12398 投诉，并被督办。

调查结果

经调查，客户反映情况属实。客户多次来电反映频繁停电造成电脑配件损坏要求赔偿。工单回复内容为：客户家用电器烧坏非供电公司原因，不予赔偿。

客户随即再次投诉，工作人员核损时未进行检测，存在敷衍行为。经专业机构检测，确认电脑显卡损坏，客户对前期回单处理结果不认可，升级为 12398 投诉，被以重大服务事件进行督办。现已处理，并按照规定给予客户赔偿。

违规条款

（1）违反《国家电网有限公司供电服务标准》6.5.1："供电企业受理客户的欠费复电登记、电器损坏核损、电能表异常、抄表数据异常、服务平台异常等服务申请，按规定向客户回复处理结果。"

（2）违反《国家电网有限公司供电服务标准》6.5.5："受理客户服务申请后电器损坏核损业务 24 小时内到达现场。"

（3）违反《国家电网有限公司供电服务标准》7.1.2："真心实意为客户着想，尽量满足客户的合理用电诉求。对客户的咨询等诉求不推诿、不拒绝、不搪塞，及时、耐心、准确地给予解答。"

（4）违反《国家电网有限公司供电服务标准》7.2.2："熟知本岗位的业务知识和相关技能，岗位操作规范、熟练，具有合格

的专业技术水平。"

暴露问题

（1）不熟悉国家和电力行业相关政策、法律、法规的相关规定。

（2）本岗位的业务知识和相关技能欠缺，岗位操作不规范、不熟练，不具有合格的专业技术水平。

（3）相关单位、人员缺乏服务意识及风险防范意识，发生供电企业原因损坏客户电器时未及时采取有效的补救措施。

考核处理

根据《国家电网有限公司供电服务质量事件与服务过错认定办法》和《国家电网有限公司员工奖惩规定》，对相关责任人做出以下考核处理：

（1）对主要责任人经济处罚 2000 元，通报批评。

（2）对次要责任人经济处罚 1000 元，通报批评。

规避投诉要点

（1）熟悉国家和电力行业相关政策、法律、法规的相关规定，掌握公司优质服务基本要求、沟通技巧和业务知识等。

（2）熟知本岗位的业务知识和相关技能，岗位操作规范、熟练，具有合格的专业技术水平。

（3）严格执行供电服务相关工作规范和质量标准，保质保量完成本职工作，为客户提供专业、高效的供电服务。

（4）对客户的合理要求，应及时进行受理。由于故障停电造成客户电器设备损坏，当客户提出索赔时，应及时到现场核实是否是供电公司责任，并按相关流程进行处理。

案例五　频繁停电故障多，引发客户多投诉

事件经过

4月7日9：58，某公司客户报修多户无电，要求尽快核实处理。地市供电公司回复：停电原因是过负荷导致连接线故障，已于当日恢复供电。4月7日10：55分，客户再次拨打95598投诉从3月31日～4月7日内，出现6次停电，严重影响正常生活，要求尽快处理。

调查结果

客户反映情况属实。经调查，实际共3次停电，停电原因分别为：过负荷导致线路接地1次，开关类设备烧损1次，变压器及附件过热1次。

违规条款

（1）违反《国家电网有限公司供电服务标准》6.2.5.2："电网故障导致客户停电时，在故障点明确后20分钟内发布故障停电信息。客户查询故障抢修情况时，应告知客户当前抢修进度或抢修结果。"

（2）违反《国家电网有限公司供电服务标准》7.2.4："主动了解客户用电服务需求，创新服务方式，丰富服务内涵，为客户提供更便捷、更透明、更温馨的服务，持续改善客户体验。"

暴露问题

（1）公用台区变压器、线路巡视维护、消缺、隐患排查治理均不到位，在发生故障后，仍未及时消除隐患，造成频繁停电。

（2）相关部门对频繁停电事件缺乏服务意识及工作敏感性，

未及时采取处理措施，造成重复投诉事件发生。

⚙ 考核处理

根据《国家电网有限公司供电服务质量事件与服务过错认定办法》和《国家电网有限公司员工奖惩规定》，对相关责任人做出以下考核处理：

（1）对主要责任人运维部职工经济处罚 3000 元，通报批评。

（2）对次要责任运维部班组长经济处罚 2000 元，通报批评。

（3）对责任部门主管主任经济处罚 1000 元，通报批评。

🎯 规避投诉要点

（1）细化设备运维管理责任，严格落实设备主人制，将设备巡视管理具体到人，加强日常维护，强化考核管理。

（2）定期开展客户走访工作，及时了解客户需求，解决客户用电问题；建立供电服务微信群，主动响应客户诉求，动态发布供电信息。

（3）加强设备运维人员的主动服务意识，坚持以客户为中心的服务理念，提升服务水平，增强服务技能，保证检修质量。

案例六　线路消缺不及时，频繁停电招投诉

事件经过

4月10日16：30，某公司客户报修多户无电。地市公司回复：停电原因为10kV线路跳闸，已于23：10恢复供电。16：40，客户再次来电投诉，该地点周围小区两个月内，出现3次停电，影响居民正常生活，请相关部门尽快处理。

调查结果

经调查，客户反映情况属实。实际共4次停电，均因线路跳闸导致。供电公司存在对线路缺陷掌握不全面，对供电设施排查不及时，不能及时消缺问题的情况。

违规条款

（1）违反《国家电网有限公司供电服务标准》4.5："省级电力公司城市电网年平均停电时间不超过8.76h（对应供电可靠率不低于99.9％）；农村电网年平均停电时间不超过17.52h（对应供电可靠率不低于99.8％）。"

（2）违反《国家电网有限公司供电服务标准》6.2.1："供电企业受理客户对供电企业产权范围内的供电设施故障报修后，到达现场进行故障处理、恢复供电的服务。"

（3）违反《国家电网有限公司供电服务标准》6.2.5.2："电网故障导致客户停电时，在故障点明确后20min内发布故障停电信息。客户查询故障抢修情况时，应告知客户当前抢修进度或抢修结果。"

（4）违反《国家电网有限公司供电服务标准》7.2.4："主动了解客户用电服务需求，创新服务方式，丰富服务内涵，为客户

提供更便捷、更透明、更温馨的服务，持续改善客户体验。"

暴露问题

（1）公用台区变压器、线路巡视维护消缺、隐患排查治理均不到位，在发生故障后仍未及时消除隐患，造成频繁停电。

（2）相关部门对频繁停电事件缺乏服务意识及工作敏感性，未及时采取处理措施，造成重复投诉事件发生。

考核处理

根据《国家电网有限公司供电服务质量事件与服务过错认定办法》和《国家电网有限公司员工奖惩规定》，对相关责任人做出以下考核处理：

（1）对主要责任人运维部主任经济处罚 3000 元，通报批评。

（2）对次要责任人某供电所所长经济处罚 2000 元，通报批评。

规避投诉要点

（1）对于频繁停电高发区域加强线路设备检修维护或优先列入改造计划，提高供电可靠性。

（2）做好计划停电前告知及宣传工作，故障停电时，客户经理要做好现场安抚工作，充分利用 95598 供电服务平台及时发布停电信息，对停电范围内的客户发送短信告知，客户经理利用客户服务微信群及时公布停电信息。

（3）对客户投诉应按规定时限进行调查、处理，避免发生重复投诉。

案例七　树木砸断高压线，频繁停电招投诉

事件经过

5月11日，某公司客户报修多户无电。首次工单回复：停电原因是大风天气导致拉线故障，已于5月11日18：30恢复供电。5月17日，客户再次来电投诉该地点两个月内出现4～5次停电，影响居民正常生活。

调查结果

经调查，客户反映情况属实。实际共7次停电，其中两次因树木砸断线路导致，1次因拉线断线导致，4次因低压连接线断线导致。

违规条款

（1）违反《供电营业规则》第五十七条："供电企业应不断改善供电可靠性，减少设备检修和电力系统事故对用户的停电次数及每次停电持续时间。"

（2）违反《国家电网有限公司供电服务标准》6.2.1："供电企业受理客户对供电企业产权范围内的供电设施故障报修后，到达现场进行故障处理、恢复供电的服务。"

（3）违反《国家电网有限公司供电服务标准》6.2.5.2："电网故障导致客户停电时，在故障点明确后20分钟内发布故障停电信息。客户查询故障抢修情况时，应告知客户当前抢修进度或抢修结果。"

（4）违反《国家电网有限公司供电服务标准》7.2.4："主动了解客户用电服务需求，创新服务方式，丰富服务内涵，为客户提供更便捷、更透明、更温馨的服务，持续改善客户体验。"

暴露问题

（1）公用台区变压器、线路巡视维护消缺、隐患排查治理工作均不到位，发生故障后未及时消除隐患，造成频繁停电。

（2）相关部门对频繁停电事件缺乏重视，服务意识及工作敏感性不强，未及时采取处理措施，造成重复投诉事件发生。

考核处理

根据《国家电网有限公司供电服务质量事件与服务过错认定办法》和《国家电网有限公司员工奖惩规定》，对相关责任人做出以下考核处理：

（1）对某供电所所长经济处罚 1000 元，通报批评。

（2）对线路运维管理责任人经济处罚 1000 元，通报批评。

（3）对运维部主任经济处罚 1000 元，通报批评。

规避投诉要点

（1）对于频繁停电高发区域加强线路设备检修维护，优先列入改造计划，提高供电可靠性。

（2）做好计划停电前告知及宣传工作，故障停电时，客户经理要做好现场安抚工作，充分利用 95598 供电服务平台及时发布停电信息，对停电范围内的客户发送短信告知，客户经理利用客户服务微信群及时公布停电信息。

（3）对客户投诉应按规定时限进行调查、处理，避免发生重复投诉。

第二节　优秀服务案例

案例一　突发故障引停电，危机处置获称赞

案例提要

某供电所在突发故障停电时，多方协同配合，开展危机处置，迅速恢复供电，确保舆情平稳，避免了客户投诉。

案例提要

供电抢修

服务过程

7月22日8：10，某县某区域突然停电，多个小区居民用电受到影响。当地供电所所长接到调度中心电话后立刻启动应急预案，迅速向95598供电服务指挥中心报备，供电服务指挥中心及时发布停电信息，对停电范围内的客户发送短信告知，供电所派出值班抢修小组巡查线路，开展故障排查，所长回到工作岗位组织调度，客户经理迅速到停电现场做好群众安抚工作，利用客户服务微信群及时公布停电信息。客户经理发现不少居民因家中炎热难耐聚集在街头，情绪非常激动，表示要对供电公司进行投诉，就立即汇报了所长。供电所所长了解到现场情况后，立刻赶往现场，并向电力客户进行解释："各位，供电所正在全力寻找故障点，我们已经在各个小区和街道居委会的电力服务微信群里发布了故障停电信息，之后我们也会把停电原因、抢修进度及预计送电时间发在微信群里，方便大家随时了解情况。请放心，我们会尽快恢复供电。"群众情绪这才慢慢平静下来。

经巡查发现，此次故障是由于房地产施工队野蛮施工导致电

缆受损造成主线跳闸停电，供电所所长通过与调度中心积极协调，制订转供方案，很快恢复了非故障点居民供电，减少了停电范围。供电公司高效率的工作获得了小区居民的一致好评。随后，调配工程施工人员支援和协调周边供电所提供抢修材料等，解决了受损线路现场由于抢修人员不足造成的抢修进度缓慢问题，缩短了故障停电时间。经过统一指挥和抢修人员长达 5 个小时的奋战，终于修复了受损的 10kV 电缆线路。这次事件由于应对得当，不仅没有造成舆情事件，还得到了当地政府部门的赞赏。

取得效果

供电所在故障抢修、重要事件报备、停电信息发布、客户安抚等方面组织有力，多方协同配合，在最短时间内圆满解决了长时间、大面积停电事故，不但没有发生负面舆情和投诉，还得到了群众认可和政府赞赏。

案例点评

该供电所在突发事件来临时，迅速启动应急预案，在故障抢修力量、物资材料、舆情控制、负荷转供、协调机制等方面，应对有序，处置得当。在进行故障处置时，有条不紊地按照预案内容开展故障修复，及时进行负荷转供，缩小了停电范围。在现场抢修人员力量不足情况下，及时调配了抢修人员、物资等，最大限度缩短了故障停电时间。此外，供电所及时报备，多渠道及时发布停电信息，台区经理到停电小区向广大群众解释沟通，现场安抚并取得客户的理解，不仅没有发生舆情事件，还得到了群众、政府的高度赞赏，体现了供电所过硬的业务素质和强大的危机处理能力。

案例二 旧线改造计划好，供电可靠获赞誉

案例提要

某供电公司在配电网老旧线路改造过程中，为避免停电引起的投诉，严格按照《供电营业规则》和国网公司《供电服务标准》的要求，有计划地安排施工改造，没有引起改造线路居民的投诉。

案例分类

配电网改造

服务过程

工作人员在巡线过程中，发现某线路、设备出现老化现象，有发生故障停电风险。为避免影响居民用电，提升供电可靠性，网格化供电中心主动作为，开展配电网老旧线路改造工作。供电公司在开展改造工作部署前，首先将停电的用户、原因、时间报本单位负责人批准，然后将停电信息在停电前3～7天，由台区经理通过业主微信群、小区张贴停电通知等方式告知客户；在停电前30min，将停电时间再次通知客户。在相关各部门有力配合下，改造工作进度有序，提前完成改造计划，受到了客户好评。

取得效果

有力保障了电力供应的安全可靠，避免了停电舆情的风险。

案例点评

供电企业主动作为，严格按照《供电营业规则》和国网公司《供电服务标准》的要求，有计划地安排施工改造，通过营配联动、舆情防控，有效避免了线路改造停电引发的投诉。线路改造完成后大幅提升了供电可靠性，提高了居民获得电力满意度。

第九章
电压质量类案例

第一节　典型案例

案例一　供电半径超范围，电压过低难满意

事件经过

客户投诉电压低有 5、6 年时间，一年中 4、5 个月持续电压低，夏季、冬季高峰时段家电无法正常使用，影响正常生活。

调查结果

经调查，客户反映情况属实。客户房屋距变压器位置远，超出供电半径，导致供电末端在夏、冬季负荷高峰时引起低电压。通过线路改造，客户电压已恢复正常。

违规条款

（1）违反《电力供应与使用条例》第三十四条："供电企业应当按照合同约定的数量、质量、时间、方式，合理调度和安全供电。"

（2）违反《国家电网有限公司供电服务"十项承诺"（修订版）》第一条："电力供应安全可靠。城市电网平均供电可靠率达到 99.9%。居民客户端平均电压合格率达到 98.5%；农村电网平均供电可靠率达到 99.8%，居民客户端平均电压合格率达到 97.5%；特殊边远地区电网平均供电可靠率和居民客户端平均电压合格率符合国家有关监管要求。"

暴露问题

（1）配电网基础薄弱，随着用电负荷的增长，台区容量不足，线路设施老化，供电电压偏低，不符合设计要求等问题凸显，但

相关单位未能尽快落实改造计划。

（2）相关单位、人员缺乏服务意识及风险防范意识，不能真心实意为客户着想，对客户的合理用电诉求不重视，未能采取措施及时解决。

考核处理

根据《国家电网有限公司供电服务质量事件与服务过错认定办法》和《国家电网有限公司员工奖惩规定》，对相关责任人做出以下考核处理：

（1）对主要责任人某供电中心客户经理经济处罚 3000 元，通报批评。

（2）对次要责任人某供电中心副所长经济处罚 2000 元，通报批评。

（3）对责任部门分管负责人营销部副主任经济处罚 1000 元。

规避投诉要点

（1）持续加强低电压治理，加大低电压台区改造力度，不断夯实电网基础。及时将老旧台区列入改造计划，采取新增变压器、负荷分流等技术措施切实解决电压低问题。

（2）加大对频繁停电、低电压等群众关切的用电突出问题的整治力度，持续提升供电服务水平，聚焦群众最关心、最直接、最现实的利益诉求，不断改善人民群众用电体验，提高人民群众电力获得感。

案例二　谐波导致电压低，影响生活遭投诉

事件经过

客户反映近段时间电压低，电器无法使用，影响自己正常生活。

调查结果

经调查，客户反映情况属实。客户所在线路上挂接有一户专用变压器，专用变压器客户在夜间生产运行时，设备产生谐波，谐波注入电网后，引起公用变压器输出电压不稳，电压低造成客户家中电器无法正常使用。已对企业下达"整改通知书"，要求其停产整改，整改完毕并经有资质部门检测符合并网条件后，再恢复对其供电。

违规条款

（1）违反《电力供应与使用条例》第三十四条："供电企业应当按照合同约定的数量、质量、时间、方式，合理调度和安全供电。"

（2）违反《供电营业规则》第五十五条："电网公共连接点电压正弦波畸变率和用户注入电网的谐波电流不得超过 GB/T 14549—1993《电能质量公用电网谐波》的规定。用户的非线性阻抗特性的用电设备接入电网运行所注入电网的谐波电流和引起公共连接点电压正弦波畸变率超过标准时，用户必须采取措施予以消除。否则，供电企业可中止对其供电。"

（3）违反《供电营业规则》第五十八条："供电企业和用户应共同加强对电能质量的管理。"

暴露问题

（1）对客户用电性质认识不到位，对客户影响电能质量的设

备，未按规定监测、管理。

（2）相关单位、人员缺乏服务意识及投诉风险防范意识，发生低电压时未及时采取有效的补救措施。

考核处理

根据《国家电网有限公司供电服务质量事件与服务过错认定办法》《国家电网有限公司员工奖惩规定》，对相关责任人做出以下考核处理：

（1）对主要责任人某供电中心客户经理经济处罚 3000 元，通报批评。

（2）对次要责任人某供电中心所长经济处罚 2000 元，通报批评。

（3）对责任部门分管负责人营销部副主任经济处罚 1000 元。

规避投诉要点

（1）供电服务人员应熟悉客户用电性质，对客户影响电能质量的设备，按规定监测、管理。

（2）加大对频繁停电、低电压等群众关切的用电突出问题的整治力度，持续提升供电服务水平，聚焦群众最关心、最直接、最现实的利益诉求，不断改善人民群众用电体验，提高人民群众电力获得感。

案例三　线路老化久未改，用电客户心不安

事件经过

客户投诉长期电压低，大部分低压线路老化、外皮脱落，有的线路掉落地上，存在安全隐患，已多次向当地供电公司反映但一直未解决。近日农忙季节，急需用电，客户要求相关部门尽快处理。

调查结果

经调查，客户反映情况属实。该台区因低压线路状况差、线径细、供电半径过长、一直未改造等原因，导致该台区出现季节性低电压问题。目前已对该台区实施改造，问题已得到解决。

违规条款

（1）违反《电力供应与使用条例》第三十四条："供电企业应当按照合同约定的数量、质量、时间、方式，合理调度和安全供电。"

（2）违反《国家电网有限公司供电服务"十项承诺"（修订版）》第一条："电力供应安全可靠。城市电网平均供电可靠率达到99.9%。居民客户端平均电压合格率达到98.5%；农村电网平均供电可靠率达到99.8%，居民客户端平均电压合格率达到97.5%；特殊边远地区电网平均供电可靠率和居民客户端平均电压合格率符合国家有关监管要求。"

（3）违反《国家电网有限公司员工服务行为"十个不准"（修订版）》第六条："不准漠视客户合理用电诉求，推诿、搪塞、怠慢客户。"

暴露问题

（1）相关单位对该台区设备、线路存在的安全隐患等巡查不

到位。

（2）该台区设备老化，线径细等情况造成电压低，相关单位未能尽快落实改造计划。

（3）相关单位和人员缺乏服务意识及风险防范意识，不能"想群众之所想，急群众之所急"，及时解决客户用电问题。

考核处理

根据《国家电网有限公司供电服务质量事件与服务过错认定办法》和《国家电网有限公司员工奖惩规定》，对相关责任人做出以下考核处理：

（1）对主要责任人某供电中心客户经理经济处罚 3000 元，通报批评。

（2）对次要责任人某供电中心所长经济处罚 2000 元，通报批评。

（3）对责任部门分管负责人营销部副主任经济处罚 1000 元。

规避投诉要点

（1）加强日常巡视，及时发现和排查台区设备、线路存在的安全隐患，确保安全供电。

（2）切实以群众利益为主体，严格落实执行《供电服务标准》，持续抓低电压治理，加大改造力度，不断夯实电网基础。及时将老旧台区列入改造计划，采取新增变压器、调整三相负荷平衡、更换导线等技术措施解决电压低问题。

案例四　家用电器被烧毁，经济损失遭不满

事件经过

客户投诉电压高已持续 5～6 个月，工作人员到现场维修后未彻底解决，要求尽快解决高电压问题。

调查结果

经调查，客户反映情况属实。因工作人员巡视巡查不到位，造成台区电源连接线中性线虚接，确实存在客户居住地电压过高问题，现场测量客户家中电压值在 236.1V 左右且因电压过高，造成客户家中电器烧毁，因第一次电器烧毁，客户自行维修并未向供电所反映，故供电所不知情。再次因电压过高导致客户家电烧毁，引发客户投诉，现已对客户所在台区电源连接线存在氧化虚接情况整改完毕并对客户烧毁电器进行了维修。

违规条款

（1）违反《国家电网有限公司供电服务"十项承诺"（修订版）》第一条："电力供应安全可靠。城市电网平均供电可靠率达到 99.9%。居民客户端平均电压合格率达到 98.5%；农村电网平均供电可靠率达到 99.8%，居民客户端平均电压合格率达到 97.5%；特殊边远地区电网平均供电可靠率和居民客户端平均电压合格率符合国家有关监管要求。"

（2）违反《国家电网有限公司供电服务标准》4.2："在电力系统正常状况下，供电企业供到用户受电端的供电电压允许偏差为：a）35 千伏及以上电压供电的，电压正、负偏差的绝对值之和不超过标称电压的 10%；b）20 千伏及以下三相供电的，为标称电压的 ±7%；c）220 伏单相供电的，为标称电压的 +7%，

－10％。在电力系统非正常状况下，用户受电端的电压最大允许偏差不应超过标称电压的±10％。"

（3）违反《国家电网有限公司供电服务标准》7.2.2："熟知本岗位的业务知识和相关技能，岗位操作规范、熟练，具有合格的专业技术水平。"

暴露问题

（1）工作人员责任心不强，巡视巡查不到位，工作技能欠缺，未能及时发现错误接线问题。

（2）相关单位和人员缺乏服务意识及风险防范意识，对客户存在的问题不能主动服务，未认真分析原因并及时解决。

考核处理

根据《国家电网有限公司供电服务质量事件与服务过错认定办法》和《国家电网有限公司员工奖惩规定》，对相关责任人做出以下考核处理：

（1）对主要责任人某供电中心客户经理经济处罚 3000 元，通报批评。

（2）对次要责任人某供电中心安全员经济处罚 2000 元，通报批评。

（3）对责任班组负责人某供电中心所长经济处罚 1000 元，通报批评。

（4）对责任部门分管负责人营销部副主任经济处罚 1000 元，通报批评。

规避投诉要点

（1）加强日常巡视，及时发现和排查台区设备、线路存在的安全隐患，确保安全供电。

（2）加强工作人员，特别是基层农电工岗位培训，规范日常工作管理，提升业务知识和相关技能，提升供电服务水平，切实解决客户用电诉求。

案例五　电压质量未解决，重复投诉引升级

事件经过

某公司客户于 2021 年 7 月 21 日、7 月 28 日、8 月 2 日多户投诉长期电压低问题，严重影响正常生活。地市供电公司回复，该问题预计 8 月 10 日完成。8 月 13 日，客户再次致电 95598 投诉问题未解决，引发重复投诉，并被国网列入重大服务事件预警督办。

调查结果

经调查，客户反映情况属实。据统计 7 月 21 至今，客户致电 95598 共计 20 次反映该问题（投诉 4 次、故障 5 次、催办 9 次、咨询 2 次）。该客户所属台区地处偏僻，低压线路状况差，供电半径过长，现已采取新增布点对低压线进行改造，在原 10kV 线路下新增 100kVA 配电变压器一台，缩短低压供电半径，并将原有 400V 两线供电的线路上再敷设两根架空绝缘线，由两线供电改为四线供电，解决低电压问题。

违规条款

（1）违反《电力供应与使用条例》第三十四条："供电企业应当按照合同约定的数量、质量、时间、方式，合理调度和安全供电。"

（2）违反《国家电网有限公司供电服务"十项承诺"（修订版）》第一条："电力供应安全可靠。城市电网平均供电可靠率达到 99.9%。居民客户端平均电压合格率达到 98.5%；农村电网平均供电可靠率达到 99.8%，居民客户端平均电压合格率达到 97.5%；特殊边远地区电网平均供电可靠率和居民客户端平均电压合格率符合国家有关监管要求。"

（3）违反《国家电网有限公司员工服务行为"十个不准"（修订版）》第六条："不准漠视客户合理用电诉求，推诿、搪塞、怠慢客户。"

（4）违反《国家电网有限公司供电服务标准》7.1.2："真心实意为客户着想，尽量满足客户的合理用电诉求。对客户的咨询等诉求不推诿、不拒绝、不搪塞，及时、耐心、准确地给予解答。"

暴露问题

（1）工作人员责任心不强，缺乏服务意识及投诉风险防范意识，受理客户投诉后，未及时联系客户，对客户的合理诉求未能做出合理解释，激化矛盾，引发投诉升级。

（2）配电网基础薄弱，台区容量不足，线路设施老化，供电电压偏低，相关单位未能尽快落实改造计划。

考核处理

根据《国家电网有限公司供电服务质量事件与服务过错认定办法》和《国家电网有限公司员工奖惩规定》，对相关责任人做出以下考核处理：

（1）对主要责任人某供电中心客户经理经济处罚 3000 元，通报批评。

（2）对次要责任人某供电中心所长经济处罚 2000 元，通报批评。

（3）对责任部门分管负责人营销部副主任经济处罚 1000 元，通报批评。

（4）对责任部门分管负责人营销部副主任经济处罚 1000 元，通报批评。

规避投诉要点

（1）加大实施城市配电网供电可靠性提升工程和乡村电气化

工程，构建合理网架结构，提高设备健康水平，优化配电网运行方式，持续开展低电压治理，强化改造力度，夯实配电网基础。

（2）优化营商环境，提升供电服务水平，落实群众最关心、最直接、最现实的利益诉求，不断改善人民群众用电体验，提高人民群众电力获得感。

（3）针对高投诉风险敏感客户，建立敏感客户台账，要主动服务，多走访、勤沟通，切实解决客户用电需求，避免引发投诉事件发生。

第二节　优质服务案例

案例一 主动服务要到位，化险为夷变满意

案例提要

　　客户投诉低电压问题已持续 10 余年且供电公司承诺新增 1 台变压器，但一直未安装，要求尽快解决低电压问题。供电公司依据《国家电网有限公司供电服务标准》7.1.2 "真心实意为客户着想，尽量满足客户的合理用电诉求。对客户的咨询等诉求不推诿，不拒绝，不搪塞，及时、耐心、准确地给予解答。用心为客户服务，主动提供更省心、更省时、更省钱的解决方案。"的要求，及时化解投诉风险。

案例分类

　　电压质量

服务过程

　　供电公司经调查，客户反映情况不属实。因客户家中灯泡损坏无法使用，客户误以为是电压低，实际经电采系统召测，客户家中电压值正常，又随机抽取客户所在台区近三年来度冬度夏及平常月份的 PMS 电压曲线图，电压均正常。经查询，客户在 2021 年未通过 95598 反映过此问题。关于客户提出增装 1 台变压器的问题，经了解，因客户附近村庄都进行了改造，客户想以低电压为由，督促供电所对线路进行改造，结合该村用电情况，客户所在台区变压器目前可以满足用电需求，电压正常，暂不需要进行改造。依据《国家电网有限公司供电服务标准》7.3.3 "当客户的要求与政策、法律、法规及公司制度相悖时，应向客户耐心解释，

争取客户理解，做到有理有节。遇有客户提出不合理要求时，应
向客户委婉说明。不得与客户发生争吵。"的服务礼仪要求，经过
及时联系客户并做出相应解释，客户来电要求撤销投诉，并表示
对供电公司服务非常满意。

取得效果

经过及时联系客户并做出相应解释，客户来电要求撤销投诉，
并表示对供电公司服务非常满意。

案例点评

（1）加强日常巡视，及时发现和排查台区设备、线路存
在的安全隐患，确保安全供电。

（2）供电所及台区客户经理需定期加强宣传走访，多与
客户沟通，主动了解客户用电服务需求，对客户疑问和存在
的问题及时做出响应，不推诿、不拒绝、不搪塞，及时、耐
心、准确地给予解答。

（3）严格执行供电服务相关工作规范和质量标准，保质
保量完成本职工作，为客户提供专业、高效的供电服务。

第十章
电力施工类案例

案例一　排除隐患不反馈，导致客户来投诉

事件经过

8月5日，某村客户投诉其邻居产权的树木与供电公司的高压线相接存在安全隐患，前期反映后供电所对树木进行修剪，现再次产生此问题，8月左右向当地电工反映，一直拖延未解决，要求解决安全隐患问题。

调查结果

经调查，客户投诉情况不属实。客户一直在外省工作，8月1日听家人说邻居家的树已经快长到高压线了，已在7月31日向电工反映了此情况，客户听后担心有安全隐患产生。实际工作人员已于8月2日对树木进行清障，排除安全隐患。因已排除安全隐患的情况客户家属未及时传达给客户，造成客户对该情况不知晓，引发12398投诉。供电公司在每年七八月都会统一安排线路巡检清障工作，不存在"8月左右向当地电工反映，一直拖延未解决"的情况。

违规条款

（1）违反《国家电网有限公司供电服务标准》5.4.6.1："到客户现场服务前，应与客户预约时间，讲明工作内容和工作地点，请客户予以配合；现场服务时，应按约定时间准时到达现场，高效服务。"

（2）违反《国家电网有限公司供电服务标准》6.2.5.2："电网故障导致客户停电时，在故障点明确后20分钟内发布故障停电信息。客户查询故障抢修情况时，应告知客户当前抢修进度或抢修结果。"

（3）违反《国家电网有限公司供电服务标准》7.2.4："主动
了解客户用电服务需求，创新服务方式，丰富服务内涵，为客户
提供更便捷、更透明、更温馨的服务，持续改善客户体验。"

暴露问题

（1）施工人员缺乏现场服务意识及投诉风险防范意识，排除
安全隐患的情况未及时传达给客户，造成客户对该情况不知晓，
引发 12398 投诉。

（2）供电所台区客户经理宣传走访、沟通不到位。

考核处理

根据《国家电网有限公司供电服务质量事件与服务过错认定
办法》和《国家电网有限公司员工奖惩规定》，对相关责任人做出
以下考核处理：

（1）对主要责任人经济处罚 2000 元，通报批评。

（2）对台区经理人经济处罚 1000 元，通报批评。

规避投诉要点

（1）施工人员到现场服务时应及时与客户联系同时讲明服务
的内容。

（2）台区客户经理做好隐患施工排查前的宣传工作，客户经
理利用客户服务微信群及时公布隐患排查信息。

（3）加强线路台区设备巡视、对发现隐患及时消缺，提高供
电可靠性。

案例二　施工现场不文明，沟通不畅遭投诉

事件经过

10月23日，某公司客户反映供电公司在该地点进行电力施工，造成客户青苗损毁且施工结束后未与客户协商赔偿问题，客户表示不满。

调查结果

经调查，客户反映情况属实。因在施工建设时，客户外出打工，工作人员多次均未与其联系上，后工作人员对施工碾压的青苗土地逐户丈量，将客户的青苗赔偿款先行给客户邻居，等客户打工回来，再转交给客户。之后客户回到家中，因工作人员疏忽未及时与客户联系青苗赔偿问题，引发客户投诉。

违规条款

(1) 违反《国家电网有限公司供电服务标准》5.4.6.1："到客户现场服务前，应与客户预约时间，讲明工作内容和工作地点，请客户予以配合；现场服务时，应按约定时间准时到达现场，高效服务。"

(2) 违反《国家电网有限公司供电服务标准》5.4.6.4："应遵守客户内部有关规章制度，尊重客户的民族习俗和宗教信仰。如在工作中损坏了客户原有设施，应恢复原状或等价赔偿。"

(3) 违反《国家电网有限公司供电服务标准》5.4.6.5："现场工作结束后应立即清理，不能遗留废弃物，做到设备、场地整洁。"

(4) 违反《国家电网有限公司供电服务标准》7.2.4："主动了解客户用电服务需求，创新服务方式，丰富服务内涵，为客户提供更便捷、更透明、更温馨的服务，持续改善客户体验。"

🌸 暴露问题

（1）施工单位规章制度执行不严，现场施工管理混乱。

（2）施工单位工作人员服务意识淡薄，工作责任心不强，漠视客户利益。

⚙️ 考核处理

根据《国家电网有限公司供电服务质量事件与服务过错认定办法》和《国家电网有限公司员工奖惩规定》，对相关责任人做出以下考核处理：

（1）对施工单位经济处罚5000元，通报批评。

（2）对施工队负责人经济处罚1000元，通报批评。

🎯 规避投诉要点

（1）施工人员到现场服务时应及时与客户联系同时讲明服务的内容。

（2）加大对施工队伍管控力度，对出现服务投诉的施工队伍实施积分管理和黑名单制度。

（3）加强施工队伍管理，提高工作规范性，文明施工、规范作业，施工结束后，及时清理现场，防止损害客户利益现象发生。

案例三　施工质量不达标，客户受损遭投诉

事件经过

11月10日，某供电公司客户投诉，在5、6月份，某供电公司下属施工队在当地进行电杆施工，结束后施工遗留的坑未回填，影响耕种。

调查结果

经调查，客户反映情况属实，造成该情况的原因是：新建杆塔时在客户庄稼地内进行地锚固定，施工完毕后填土恢复，但因雨季地面下沉，影响客户耕种，已将现场恢复原状。

违规条款

（1）违反《国家电网有限公司供电服务标准》5.4.6.1："到客户现场服务前，应与客户预约时间，讲明工作内容和工作地点，请客户予以配合；现场服务时，应按约定时间准时到达现场，高效服务。"

（2）违反《国家电网有限公司供电服务标准》5.4.6.4："应遵守客户内部有关规章制度，尊重客户的民族习俗和宗教信仰。如在工作中损坏了客户原有设施，应恢复原状或等价赔偿。"

（3）违反《国家电网有限公司供电服务标准》5.4.6.5："现场工作结束后应立即清理，不能遗留废弃物，做到设备、场地整洁。"

（4）违反《国家电网有限公司供电服务标准》7.2.3："严格执行供电服务相关工作规范和质量标准，保质保量完成本职工作，为客户提供专业、高效的供电服务。"

暴露问题

（1）施工单位没有严格执行工作流程，忽视工作质量。

（2）施工单位服务意识淡薄，工作责任心不强，漠视客户利益。

（3）施工单位规章制度执行不严，现场施工管理混乱。

⚙ 考核处理

根据《国家电网有限公司供电服务质量事件与服务过错认定办法》和《国家电网有限公司员工奖惩规定》，对相关责任人做出以下考核处理：

（1）对施工单位经济处罚 5000 元，通报批评。

（2）对施工队负责人经济处罚 1000 元，通报批评。

🎯 规避投诉要点

（1）严格执行供电服务相关工作规范和质量标准，保质保量完成本职工作，为客户提供专业、高效的供电服务。

（2）加强施工队伍管理，提高工作规范性，文明施工、规范作业，施工结束后，及时清理现场，防止损害客户利益现象发生。

（3）加大对施工队伍管控力度，对出现服务投诉的施工队伍实施积分管理和黑名单制度。

案例四 施工承诺未兑现，客户再次来投诉

事件经过

8月24日，客户来电反映，要求移走供电企业产权的线杆，供电所回复：线杆已移走。8月30日客户再次来电，投诉线杆仍未移走。

调查结果

经调查，客户反映情况属实。供电企业产权的线杆占据客户宅基地，影响客户建房，8月24日客户向95598热线反映后，供电所工作人员张某答复第二天将电杆移走，并将工单按已处理回复。但供电所人员疏忽，未及时处理，导致客户反映的问题未得到解决，升级投诉。现已安排相关人员进行电杆迁移工作。

违规条款

（1）违反《国家电网有限公司供电服务标准》7.1.1："严格遵守国家法律、法规，诚实守信、恪守承诺。爱岗敬业，乐于奉献，廉洁自律，秉公办事。"

（2）违反《国家电网有限公司供电服务标准》7.1.2："真心实意为客户着想，尽量满足客户的合理用电诉求。对客户的咨询等诉求不推诿、不拒绝、不搪塞，及时、耐心、准确地给予解答。用心为客户服务，主动提供更省心、更省时、更省钱的解决方案。"

（3）违反《国家电网有限公司供电服务标准》6.4.5.4："建立投诉、举报、意见回访闭环管控机制。除客户明确提出不需回访及匿名外，均应开展回访工作，坚持'谁受理、谁回访'的原则，不得多级回访。"

暴露问题

（1）供电所人员服务意识淡薄，工作责任心不强，对客户服务诉求不能积极响应。

（2）供电所工作人员言行过于随意，对客户存在违诺情况。

（3）供电所规章制度执行不严，工单回复造假。

考核处理

根据《国家电网有限公司供电服务质量事件与服务过错认定办法》和《国家电网有限公司员工奖惩规定》，对相关责任人做出以下考核处理：

（1）对主要责任人经济处罚 3000 元，通报批评。

（2）对次要责任人供电所长经济处罚 2000 元，通报批评。

（3）对主管负责人经济处罚 1000 元，通报批评。

规避投诉要点

（1）加大对供电所员工供电服务知识培训和技能培训，树立以客户为中心的服务理念。

（2）加强供电所规章制度宣贯，严禁出现违规造假现象发生。